贫瘠抑或兴起

农村体育文化的社会学研究

Barren or Rising
a Sociological Study of
Rural Sports Culture

乔 超 著

ZHEJIANG UNIVERSITY PRESS
浙江大学出版社

图书在版编目(CIP)数据

贫瘠抑或兴起：农村体育文化的社会学研究/乔超
著. —杭州：浙江大学出版社，2018.10
ISBN 978-7-308-18415-1

Ⅰ.①贫… Ⅱ.①乔… Ⅲ.①农村—体育事业—研究—
中国 Ⅳ.①G812.42

中国版本图书馆 CIP 数据核字（2018）第 153491 号

贫瘠抑或兴起：农村体育文化的社会学研究
乔 超 著

策划编辑	徐 霞
责任编辑	赵 静 冯社宁
封面设计	续设计
出版发行	浙江大学出版社
	（杭州市天目山路 148 号 邮政编码 310007）
	（网址：http://www.zjupress.com）
排 版	杭州林智广告有限公司
印 刷	浙江印刷集团有限公司
开 本	710mm×1000mm 1/16
印 张	10.5
字 数	160 千
版印次	2018 年 10 月第 1 版 2018 年 10 月第 1 次印刷
书 号	ISBN 978-7-308-18415-1
定 价	35.00 元

目 录

第一章 导论

本章主要围绕三个方面展开:第一,核心问题。通过对已有文献资料和对几个村庄的调查分析,提炼出本研究的核心问题。第二,研究意义。通过对本研究的深度思考,结合已有相关理论,梳理出本研究的理论意义;结合农村体育和农民的生活状况,揭示出本研究的现实意义。第三,文献综述。通过阅读农村体育文化、农村老人体育活动、农村社会文化、广场舞等方面的文献,试图梳理出既有研究对本研究的启示及其不足。

第一节 问题的提出与研究意义

一、问题的提出

笔者博士论文主要研究农村家庭关系,而本研究主要侧重于农村体育文化。虽然两者的关注点不同,但都是在关注农村社会状况。笔者首先调查了博士研究的调查点——安徽省 S 县 Y 村。这个村庄的青壮年村民几乎全部外出务工,甚至 65 岁以下的老人也要外出务工。村庄之内的人口主要是 65 岁以上的高龄老人和一些中老年妇女,以及少量留守儿童。①

体育活动在城市社会中已然成为现代人健身娱乐的正常手段。公园里、广场上以及街头都有各种各样的健身者。篮球、羽毛球、乒乓球、空竹等运动充斥在各个健身公园,尤其是广场舞和健走活动开展得更是如火如荼,人们的

---

① 一些青年妇女也到外地务工,还有部分儿童也跟随父母到城里上学。

健身热情高涨。然而，Y村的情况却大相径庭。偌大的村庄之内平时根本看不到多少人，健身者更是凤毛麟角。

当然，中国幅员辽阔，农村情况差别很大，Y村显然无法代表中国农村。于是，笔者又调查了Y村附近的W村。W村是一个精神文明示范村，当地政府要将W村打造成美好乡村，发展本村旅游业。历史上，W村有一位伟大的教育家。就在笔者调查期间，W村正在修整这个教育家的故居，准备发展旅游业，同时开发W村周围的山水环境。尽管当前Y村环境也有很大改善，村内道路已硬化，大多家庭的房屋都改建成楼房，但还是无法与W村相比。W村道路整洁，房屋外墙统一粉刷，村内建设有两个健身广场，配备有多种健身器材，还修建了篮球场地。村民开展了广场舞活动，还有少量村民通过器材健身。而Y村几乎没有体育活动。为了深入了解农村体育，笔者采访了Y村附近镇上的体育爱好者，试图分析出体育活动在农村与集镇地域上的区别。为了进一步了解农村体育活动，笔者又调查了河南两地的三个村庄，即河南R县L村和河南A县的T村和X村。L村是精神文明示范村，村内有健身广场和健身器材，体育活动开展了广场舞，也有少量村民通过器材健身。T村是一般村落，没有健身广场和健身器材，但村民自发开展有广场舞活动。X村是一般村落，没有健身广场和健身器材，但少量村民喜欢通过健走来锻炼身体。

以上就是笔者调查的村庄的大致情况。五个村庄状况各不相同，体育活动状况也不相同。笔者之所以选择这五个村庄进行研究，是希望通过这五个体育活动开展状况不同的村庄，来解释影响体育开展的原因。从整体上看，相比城市体育活动，五个村庄的体育文化都较为贫瘠，那么，揭示农村体育文化贫瘠背后的原因，是本研究的第一个核心问题。同时，三个村庄的广场舞活动也在逐渐兴起，那么，对广场舞兴起的原因探讨，是本研究的第二个核心问题。

二、研究意义

（一）理论意义

对农村体育的深入研究,不仅可以对既有体育发展理论进行补充,而且对农村社会发展论也是有益的完善,甚至对农村家庭代际关系理论、社会支持理论、社会认同等相关理论,都具有理论探讨意义。换言之,体育研究不仅是体育理论层面上的讨论,更是社会学意义上的分析。

（二）现实意义

研究农村体育,首先就是要揭示实实在在的农民文化娱乐活动问题,如果能够揭示出农村体育发展的问题,并进而提出切实可行的策略,将是对农村精神文明建设的巨大贡献。需要指出的是,体育问题从来不单单是体育本身的问题,更是牵涉到农村社会、家庭等方方面面的问题,因此,对体育问题的研究将有助于对其他问题的分析。

第二节　文献综述

一、农村体育

众所周知,城乡体育之间的差异是显而易见的,城市体育发展明显优于农村体育。针对城乡体育的这种格局,学界出现两种观点[①]。第一种观点是弱化城市体育发展论[②③]。这种观点认为,城市的体育发展已经比农村领先很多了,当前要发展农村体育,就要从政策上弱化对城市体育的扶持,并加强对农

---

① 郑志强.我国城乡体育统筹发展理论研究综述[J].体育研究与教育,2016,31(1):32-35.
② 马进,田雨普.和谐社会构建中城乡群众体育统筹发展的思考[J].西安体育学院学报,2009(6):665-667.
③ 宋杰.城乡群众体育协调发展的理论探讨及对策分析[J].体育与科学,2009(2):49.

村体育的政策倾斜。第二种观点是延续城市体育发展论①。此观点认为，在发展农村体育的同时，不应该削弱城市体育的发展，不应该从政策上弱化对城市体育的扶持，而应该仍然保持城市体育的快速发展。总之，应该坚持城乡体育一体化发展。

董宏伟在《基于利益集团理论的农村体育资源短缺问题研究》一文中指出，长期以来，农村的体育资源存在总量性短缺和结构性短缺。农村在获得财政支持上比不上城市，导致农村体育资源较少。同时，在体育系统内部，与竞技体育相比，农村体育又处于弱势地位，因而农村获得的资源总量就非常少。②

在对农村体育落后的根源研究方面，罗青琴归纳出了学界已有的三种观点，即农村体育落后经济论、农村体育落后政策论、农村体育落后文化论。③ 农村体育落后经济论认为，经济条件的落后导致村民体育参与意识不强。村民经济条件差，不可能把精力用在没有回报的体育活动上；村庄经济条件差，也不可能提供丰富的场地器材设施。④ 农村体育落后政策论认为，长期以来，在城乡二元社会的结构下，城乡体育政策是不同的。体育政策一直倾向于发展城市体育活动，而对农村体育活动的政策支持力度不够。即使当前国家政策开始向农村地区的体育发展上有所倾斜，但整体上，城市体育政策依然优于农村。这导致农村体育的落后。⑤ 农村体育落后文化论认为，中国历史上一直有着重文轻武的思想观念，这种观念势必会影响到人们对体育的价值判断，还有"劳力者治于劳心者"的观念，都是对体力价值的否定。而且，中庸思想也与竞技体育追求极致精神和冒险精神不相符合。加之农村信息的闭塞等，都导致

---

① 杨小明.城乡群众体育统筹发展的内涵辨析[J].体育成人教育学刊,2009(5)：10.
② 董宏伟.基于利益集团理论的农村体育资源短缺问题研究[J].吉林体育学院学报,2007,23(2)：11 - 12.
③ 罗青琴.我国农村体育研究综述[J].吉林体育学院学报,2014,30(2)：44 - 48.
④ 刘胜.我国农村体育人口偏少的成因及对策研究[J].武汉体育学院学报,2002,36(3)：32 - 33.
⑤ 王朝群.农民体育：一个沉重的话题[J].山东体育学院学报,2003,19(2)：79 - 80.

农村体育发展较为落后。①

在稳定的社会居住格局中,村民保持着较为稳定的价值观和生活方式。"日常生活的传统、风俗习惯、经验、血缘等维系着他们社会生活的各个方面,在家庭、村落等自然体系中建构起他们生活方式的规定性和日常观念活动。"②村民对体育的漠视态度,尤其是村庄高龄老人对体育的消极态度,无不反映出他们既有的价值观和生活方式。

生活方式是人们长期以来形成的,生活方式具有很强的延续性,农村体育之所以难以推进,与农民的生活方式有一定关系。正如张丰在《文化与制度变迁理论与农村体育改革》一文中所指出的,村民并不喜欢通过体育活动来增进彼此之间的感情,不会把体育活动作为社会关系的纽带。村民更喜欢通过串门聊天来沟通交流。体育活动与村民既有的生活方式之间没有建立起关系。③从整体上看,很多缺少体育活动的村庄,情况的确如张丰所言。然而,近年来农村广场舞活动的兴起,倒是改变了村民对体育活动的态度,他们既有的生活方式也在发生变化。当然,村民生活方式的转变与村庄社会结构的变迁有很大关系。从笔者调查到的村庄来看,村民串门现象、街头聊天现象以及饭市正在逐渐减少。

体育消费在城市已经被很多健身者接受,他们购买健身装备,到场馆花钱进行健身,这已然成为不少市民的正常生活消费。这一点只要看看城市的健身房和健身俱乐部,就可见一斑。尽管一些发达地区的村庄里已经有部分人接受体育消费,但对广大农村来说,体育消费的理念还不被村民接受。而且,体育消费的意义事实上不仅与健身有关,更多的是与身份地位有关。正如孟凡强等学者认为,"与其说体育消费是与身心健康息息相关的生

① 曹永跃.对我国农村体育发展落后的因素分析[J].甘肃农业,2005(7):20.
② 衣俊卿.现代化与文化阻滞力[M].北京:人民出版社,2005:226.
③ 张丰.文化与制度变迁理论与农村体育改革[J].南京体育学院学报,2012,26(4):46-48.

理需求,不如说它是与身份地位息息相关的社会需求"①。

尽管当前一些农村地区的农田开始出现私人承包的现象,即村民将耕地出租给承包人以换取租金。但仍有不少地区的村民依然在从事农业生产。另外,祖祖辈辈的农业生产劳动已经深深印刻在农民的生活世界中。因此,在农村社会中,有一种体育等同劳动的观点②③,这一点在很多研究中都提到过。当村民将劳动等同于体育的时候,他们就会以经常劳动作为取代体育的正当理由。如果说在村庄长期生活的村民缺少体育活动的话,那么,在城市务工的农民工是否参与体育活动呢?

郭庆在《农民工体育贫困状况与精准扶贫策略研究——基于城市融入视角的实证分析》一文中指出,在城市打工的农民工的体育活动是非常少的,究其原因,是农民工在体育文化贫瘠的农村环境中的体育养成不足。农村长期以来很多体育活动处于停滞状态,体育场地、器材严重不足,绝大多数村民没有体育锻炼的习惯,即使有些村庄近年来安装了体育器材,很多村民也不去使用。长时间以来,农村社会的体育文化明显地弱于城市体育文化,因此,从农村出去的农民工自然难以融入城市体育文化之中。作者从城市融入的视角来分析农民工体育融入的问题,提出了对农民工的体育贫困进行精准识别、精准帮助、精准管理的精准扶贫举措。④ 事实上,农民工的体育贫困也反映了农村体育的极度贫困。所以,可以从城市融入的视角来理解农民工的体育贫困,但更为重要的是,要解决农村体育的贫困问题。如此,农民工体育贫困就不再是问题了。

张杰在《组织理论视角下新农村体育的嬗变——以四川珙县农村体育兴

① 孟凡强,等.农村体育文化建设的价值诉求[J].首都体育学院学报,2011(2):101-105.
② 谭小勇.湖南省城郊富裕乡村体育现状研究[J].北京体育大学学报,2002(5):592-594.
③ 吴振华,田雨普.关于中国农村体育若干问题的断想[J].体育文化导刊,2005(6):5-7.
④ 郭庆.农民工体育贫困状况与精准扶贫策略研究:基于城市融入视角的实证分析[J].武汉体育学院学报,2017,51(5):21-27.

衰为例》一文中指出,珙县经历了两次体育活动兴衰。第一次兴起是有几个体育爱好者组织起来的,之后,村民相继加入到篮球活动中,形成了珙县的体育群体。这是一次自组织行为。然而,在社会环境发生变化之后,珙县体育活动便走向了衰落。作者认为这是自组织机制的不健全所致。第二次是由于受到奥运会的影响,当地体育活动再次兴起,但不久之后便再次衰落了。作者认为这是自组织缺少与外界进行资源交换所致。从根本上说,农村体育发展还是需要自组织的形式,但也需要管理部门对体育组织提供必要的支持,让管理部门充当与外界进行资源交换的媒介。同时,管理部门要从管理角色转变为服务角色,为真正推动农村体育的发展提供帮助。① 张红坚、段黔冰在《农村体育组织方式选择与农村体育组织建设——基于自组织理论视角》一文中也认为,农村体育发展应该采取自组织的形式,而不应该是他组织的形式,自组织才有顽强的生命力。而他组织虽然也能够发展起来,但他组织常常会导致体育组织主体利益发生偏差,如此就不利于农村体育组织的发展。因此,农村体育活动还是应该以自组织的方式推进。管理部门在村民体育的自组织过程中,要充当好支持的主角和组织运行体系的配角。② "人类社会在自己探索的、试错式演化的过程中,也正在证明着自组织演化优于他(被)组织演化方式。"③因此,积极培育农村体育自组织形式是可行的方法。

张庆武在《农村体育发展的理论窠臼与实践反思——基于对 X 自然村村民非身体活动的行为考察》一文中也表达了类似的看法。文章指出,农村体育要加强村庄的内生力量的发展,激发村庄原有的内生动力,而不要总是从外围僵硬地向村庄植入体育活动。事实已经证明,外界植入村庄的体育活动未必能得到村民欢迎,从杂草丛生的篮球场和锈迹斑斑的健身器材就可见一斑。

---

① 张杰.组织理论视角下新农村体育的嬗变:以四川珙县农村体育兴衰为例[J].吉林体育学院学报,2016,32(4):51-54.

② 张红坚,段黔冰.农村体育组织方式选择与农村体育组织建设:基于自组织理论视角[J].北京体育大学学报,2009,32(2):20-22.

③ 吴彤.自组织方法论研究[M].北京:清华大学出版社,2001:13-14.

这说明外界僵硬地植入体育活动,并未得到村民喜欢,导致了体育资源的浪费。而村庄原有扭秧歌、打陀螺等体育民俗活动,却还是受到村民喜爱。不过,近年来随着村民外出人口日渐增多,村庄人口越发稀少,村庄原有民俗体育活动也受到强烈冲击。[①] 坦率地说,村庄的体育治理确实是个大问题,那应该如何去治理呢?

邢文涛、郑国华、祖庆芳在《从宗族到能人:农村体育治理主体的嬗变》一文中谈到,传统社会的体育活动是由宗族的族长负责组织完成,而现代体育活动则由能人组织完成。能人包括村庄政治能人、村庄经济能人和村庄文化能人等。政治能人负责体育活动组织实施,经济能人负责筹集资金,而文化能人负责宣传等。事实上,传统社会的体育活动大多是一些传统体育项目或者民俗项目,宗族对这些传统项目非常熟悉。族长对这些项目的实施流程和文化内涵都非常清楚,而现代能人则对现代体育项目的实施和文化内涵更为熟悉。相反,现代能人对传统民间体育项目的实施相对陌生,尤其是不能很好地解读清楚民间体育项目的文化内涵。[②]

唐伟、张大志在《解构与重构:农村体育发展中文化环境的影响研究》一文中指出,传统文化的中庸思想对农村社会影响很深,村民大多抱有做事适可而止的理念;而体育却含有强烈的竞争精神。因此,中庸思想与体育竞争精神有矛盾之处,导致村庄体育的发展受到限制。同时,村民受制于经济条件的限制,把发展经济当作首要任务来对待;认为体育这种耽误时间、耽误精力的事情,是有钱人的游戏。所以,很多村民根本没有心思参与体育锻炼。作者还指出,男尊女卑的思想也限制女性的体育参与,这一点确实是事实。不过近年来农村广场舞的兴起,倒成为农村体育活动新的生机。尽管女性参与者经历了

---

① 张庆武.农村体育发展的理论窠臼与实践反思:基于对 X 自然村村民非身体活动的行为考察[J].体育与科学,2016,37(3):80-93.

② 邢文涛,郑国华,祖庆芳.从宗族到能人:农村体育治理主体的嬗变[J].武汉体育学院学报,2016,50(10):19-23.

害羞、唯唯诺诺的被动过程,但后来广场舞队伍中的妇女们对跳舞的热情却是异常高涨。这是农村体育发展的变化。[①]

熊禄全、张玲燕、孔庆波在《我国农村公共体育场地有效供给研究》一文中指出,我国农村的公共体育场地存在着供给、分配、需求等方面的问题。中国幅员辽阔,东西南北农村地区之间的差异较大,所以,对于农村的体育场地供给不能以统一的标准实行,必须要因地制宜、区别对待,能够切合当地农村的实际需求提供场地。例如,有些农村人口多,就应该提供相对较大的场地,而有些农村人口少,就可以提供相对较小的场地。体育场地的供给还涉及农村居住模式的因素,例如是集中居住还是分散居住。集中居住就应该集中安排体育活动场地,而分散居住就应该分散提供体育活动场地。这样才能切实有效地利用场地,否则会导致体育场地资源的浪费。村民对体育知识的欠缺是无法激起他们对体育的兴趣的,因此,推进农村体育活动,充分利用农村的公共体育场地,必须有组织者积极调动村民的需求。如此,才能有效使用体育场地。[②] 由于农村当前的主要居住人口是老人,所以,研究农村体育要重点关注农村老人的体育活动。

二、农村老人体育

相比城市老人在健身公园、健身广场和街头锻炼身体的热闹境况,大部分农村老人则会安静地坐在家里看电视或者闲聊。一方面,农村老人还要照顾孙子孙女,另一方面,有些农村老人还要耕种庄稼地。他们没有时间也没有精力去参加体育健身活动。同时,经济保障的不足导致他们没有心思去参与体

---

① 唐伟,张大志.解构与重构:农村体育发展中文化环境的影响研究[J].体育科技,2017,38(3):46-49.

② 熊禄全,张玲燕,孔庆波.我国农村公共体育场地有效供给研究[J].体育文化导刊,2018(2):47-52.

育活动。① 农村老人没有退休的概念,许多六十岁以上的老人仍然在干农活,有些活还是重体力活。笔者调查的 Y 村、W 村、L 村和 X 村老人就是如此。廖文豪等学者调查的川东地区老人的生活状况也是如此。老人干活意识很强,但体育锻炼意识较差。②

从笔者调查的 Y 村、W 村、L 村、X 村来看,农村低龄男性老人仍然要外出务工挣钱,低龄女性老人要在家照顾家庭,给孙子孙女做饭,甚至要"辅导"功课。实际上,农村老人对照料孙辈的学习是力不从心的,对管理孙辈的日常生活也是非常焦虑的。③ 而高龄老人或者是赋闲在家,或者是照顾孙辈起居。农村老人由于自身或照顾孙辈等原因,对体育活动是无心顾及的。

农村老人体育锻炼的家庭支持、邻里支持、村庄支持等是非常重要的。农村老人不参与体育锻炼的原因之一,就是上述支持都没有发挥出应有的作用。④ 事实上,当农村整体体育文化氛围不足时,谁能够去支持谁锻炼呢？大家都不锻炼,就不存在谁去支持谁锻炼的问题了。从根本上讲,农村还是缺乏体育锻炼的氛围,所以,建构农村体育活动风气是至关重要的。乡镇宣传部门和体育部门要切实有效地将体育送到农村,为农村老年人提供咨询服务,提供指导工作。⑤ 而不能仅仅将发展农村体育停留在口号上。

农村老人的体育知识极度贫乏,根据王衍榛对河南农村的调查显示,很多农村老人根本不知道如何健身,对自己适合何种运动项目一概不知。村庄管

① 毛占洋.生态系统理论视域下我国农村老年人体育锻炼影响因素分析[J].山东体育科技,2014,36(3):104-107;薛鹏等.皖北城乡老年人体育行为的对比研究[J].滁州学院学报,2011,13(2):57-59;王丽慧.关于淮安市农村老年居民体育参与的研究[J].赤峰学院学报(科学教育版),2001,3(9):153-155.
② 廖文豪,任玉梅,桂晓艾.老龄化进程中川东贫困农村老年人体育生活方式实证研究[J].四川体育科学,2017,36(4):107-112.
③ 张海霞,刘治国.健康老龄化中农村体育健身现状的思考[J].运动,2018(1):151-152.
④ 毛占洋.生态系统理论视域下我国农村老年人体育锻炼影响因素分析[J].山东体育科技,2014,36(3):104-107.
⑤ 周君华.农村老年人体育生活方式及服务保障研究[M].北京:中国文史出版社,2014:152.

理人员和村民对体育指导员的需求很迫切,希望有人能够对他们进行健身指导。[①] 这一点与笔者调查的五个村庄情况基本相似。农村老人对体育活动有一种独特的认知观,即体育活动等同于生产劳动。肖海婷在《珠三角农村留守老人体育锻炼行为特征及影响因子研究》一文中就指出过,珠三角的很多农村老人认为体育活动就是生产劳动,这成为阻碍农村老人参与体育锻炼的主观因素。[②]

在20世纪末,体育生活方式才作为一个单独的概念被提出来。[③] 如果说城市部分老人已经将体育作为一种生活方式的话,那么令人遗憾的是,农村则很少有老人能够将体育作为生活方式,尤其是高龄老人更是如此。

童艳在《老龄化社会背景下农村空巢老人体育生活方式研究——基于赣东北地区的实证调查》一文中指出,农村地区的老人并没有养成体育锻炼的习惯,更没有形成体育生活方式。农村空巢老人的数量在增长,但农村的经济水平却无法与之匹配,导致农村体育硬件设施依然非常贫困。农村体育竞赛活动非常贫乏,也是阻碍农村体育发展的重要因素。[④]

谭延敏等在《农村自发性体育活动群体组织识别的实证研究》一文中指出,“在尚未形成自发性体育活动群体的环境里,部分人参与体育健身的愿望与冲动往往因身边缺乏氛围而被悄然阻断或被扼杀在萌芽状态”[⑤]。张义峰等进一步指出,农村老人就是由于没有健身群体,缺乏健身氛围,所以,体育锻炼兴趣才被扼杀在摇篮中。[⑥] 事实上,农村老人并不是没有体育需求,而是体育

① 王衍榛.农村空巢老人公共体育服务组织保障体系研究[J].体育文化导刊,2014(7):32-35.
② 肖海婷.珠三角农村留守老人体育锻炼行为特征及影响因子研究[J].广州体育学院学报,2013,33(4):80-85+94.
③ 李欣.中国高龄老人生活方式与健康自评的相关因素研究[M].北京:社会科学文献出版社,2005:35.
④ 童艳.老龄化社会背景下农村空巢老人体育生活方式研究:基于赣东北地区的实证调查[D].南昌:南昌大学,2017.
⑤ 谭延敏,等.农村自发性体育活动群体组织识别的实证研究[J].体育科学,2009,29(1):14-24.
⑥ 张义峰,李文辉.老龄化社会背景下我国农村老年人体育发展对策研究[J].贵州体育科技,2009(4):8-11.

需求常常被村庄的无体育结构所掩盖。换言之，是农村老人的体育需求得不到实现，而不是农村老人真的没有体育需求。关于这一点，只要看看农村广场舞的发展就可见一斑。农村广场舞的参与者起初也不好意思参与，这不等于说他们没有参与锻炼的需求。而经过村庄政治精英、村庄社会精英的组织调动之后，中老年村民便参与进来，后期跳舞的热情异常高涨。这就足以说明农村老人是有体育需求的，只是没有被激发出来而已。

孤独、寂寞、焦虑是农村老人难以回避的问题。很多老人的子女常年在外务工，老人孤独是毋庸置疑的。伴随孤独而出现的还有焦虑问题，对子女的担忧和对自己晚年的忧虑。但经过肖海婷对珠三角留守老人的体育干预研究发现，体育活动对这些心理问题都有良好帮助，可以缓解孤独，降低焦虑的指数。[①] 老人通过锻炼还获得了良好的心理感知，锻炼后心情也变得好了。[②]

三、农村广场舞

尽管农村体育活动整体上贫困，但近年来的广场舞活动倒成为农村一道靓丽的风景线，不过农村广场舞的场地仍需加大建设力度，这在众多研究中都提到了。[③] 场地是任何体育活动开展的基础。事实上，农村广场舞对场地的要求也不是很高，但即便如此，有些村庄也未能找到合适的场地。笔者调查到的 T 村就是如此。T 村对广场舞的支持力度很小，全靠领舞者张美香阿姨自行组织。跳舞几年来，被迫转移场地多次，或是因跳舞扰民，或者其他原因所致。

① 肖海婷.体育锻炼干预对珠三角农村留守老人心理健康的影响[J].体育学刊,2013,20(4)：68-70.
② 肖海婷.珠三角农村留守老人体育锻炼行为特征及影响因子研究[J].广州体育学院学报,2013,33(4)：80-85+94.
③ 杜彩凤,孟明亮.山西省农村广场舞开展状况调查[J].体育研究与教育,2016,31(2)：41-45;李洁明,闵桂珍.广场舞在滁州市农村地区发展现状与分析：以桐城镇为例[J].安徽体育科技,2015,36(4)：60-64;高杏杏.如何有效推进农村广场舞的发展[J].大众文艺,2018(2)：2-3;夏翔鹰,仇乃民,王欣.新农村广场舞运动开展现状与对策研究：以江苏部分农村为例[J].湖北体育科技,2014,33(11)：956-959.

因此,村委只要能够提供一块跳舞的合法场地,相信农村广场舞的开展会更加顺利。

广场舞首先在城市兴起并发展壮大,但近年来农村广场舞也逐渐发展起来。广场舞队伍成员基本以女性为主,这种情况在农村更为典型。当然,这与农村青壮年在外务工有关。事实上,村庄中老年男性有很多,但这部分男性老人由于思想陈旧而不愿意加入到广场舞活动中。甚至有些男性老人还阻挡家人去跳广场舞,认为跳广场舞是有伤风化的事情。[①] 这一点在笔者的调查中也多次得到印证。同时,夏翔鹰、仇乃民、王欣在江苏农村的调查显示,江苏农村地区的男性参与广场舞的比例也极低。[②] 尽管农村男性参与者极少,但女性参与者的热情还是比较高涨。可以说,农村广场舞的价值还是非常大的。

王培娥在《广场舞对农村群众文化建设的作用初探》一文中认为,广场舞对群众文化建设具有重要的作用。第一,广场舞活动可以丰富村民文化生活;第二,广场舞活动有助于推动村民文化工作的开展;第三,广场舞活动可以促进村民团结文化的形成;第四,广场舞活动有助于促进农村老人的健身文化。[③] 毋庸置疑,广场舞在农村的兴起,确实给农村的生活带来了变化。对农村体育文化建设、促进村民健身意识的培养,都是很有帮助的。[④]

无论从笔者调查的村庄来看,还是从既有文献对广场舞的研究来看,农村开展广场舞都具有很大的价值。事实上,当前不少低龄女性老人已经参与了广场舞活动,但高龄老人均极少参与广场舞活动,大多处于围观状态。谢冬、尤家勇在《广场舞与农村老年人体育融合发展研究》一文中强调,农村应该推进老年人广场舞活动,并指出了老年人广场舞活动的可行性和建议。农村老年人空闲时间多,目前村庄内体育活动稀少,这都为老年人广场舞活动提供了

---

① 高杏杏.如何有效推进农村广场舞的发展[J].大众文艺,2018(2):2-3.
② 夏翔鹰,仇乃民,王欣.新农村广场舞运动开展现状与对策研究:以江苏部分农村为例[J].湖北体育科技,2014,33(11):956-959.
③ 王培娥.广场舞对农村群众文化建设的作用初探[J].戏剧之家,2016(5):242.
④ 吴家发.浅谈广场舞在农村的兴起[J].安徽农学通报,2012,18(5):162.

发展空间。作者同时指出,要发展农村老年人的广场舞活动需要做到两方面。第一,政策支持要确保广场舞活动开展的基本条件;第二,组织者和引导者是推动广场舞活动发展的关键力量。①

赵元元在《丈夫进城之后》一文中论述到,随着大量男性到城市务工之后,妇女不仅仅是撑起半边天,而是把家庭全部撑起来。家庭中的种地、购买大件物品、照顾老人孩子等事情,都落到了妇女身上。简言之,妇女对家庭的贡献大大增加,她们的家庭地位也相应地提升了。② 需要指出的是,笔者所调查的五个村庄,除了 T 村内中年妇女稍微多点,其他村庄的中年妇女也大都到附近打工挣钱,村庄内的妇女大多是五十岁以上的老人了。留在家的农村妇女参与了广场舞活动,不但锻炼了身体,而且还有助于培养她们参与村庄管理的能力。

韩国明、齐欢欢在《农村"女性精英"广场舞领导与村委会竞选分析:动机、能力与机会——基于甘肃省 16 个村庄的实地调查访谈》一文中指出,随着村庄男性外出务工的不断增多,女性成为家庭的当家人,有些女性还成为广场舞的领袖。然而,从调查来看,这些广场舞精英当选村主任的比例却很低。但随着她们跳广场舞时间的增长,广场舞这种具有培养民主意识和管理能力的活动,将会有助于培养女性参与村庄管理的能力,村庄将来的管理蓝图可能会发生变化。③

四、文献简要评述及对本研究的启示

既有研究对农村体育活动的贫困已经做出了大量的分析,文献数量可谓浩如烟海。这些文献对体育场地器材设置缺失,场地器材低效利用,管理部门

---

① 谢冬,尤家勇.广场舞与农村老年人体育融合发展研究[J].体育文化导刊,2017(4):32-35.
② 赵元元.丈夫进城之后[D].北京:中央民族大学,2011.
③ 韩国明,齐欢欢.农村"女性精英"广场舞领导与村委会竞选分析:动机、能力与机会:基于甘肃省 16 个村庄的实地调查访谈[J].贵州社会科学,2017(2):85-91.

对体育场地供给的不恰当、分配不合理等,做出了详细的分析;对农村体育项目推进的单一化,体育项目推进不符合当地村庄情况等,也做出了大量研究;对村民的体育需求不足,体育需求未被有效激发出来等需求侧方面,也进行了广泛研究。研究涉及面很广,研究成果也非常多。但也存在一些问题,例如不少研究流于理论式探讨,或者仅仅从口号上进行呼吁,而缺少那些细致入微的具体案例,让读者很难直观地感受到村民到底是怎样一种生活状态,村民对体育持什么样的观念。简言之,很多研究缺少活生生的案例分析,缺少扎实的田野调查,导致研究中所提出的观点缺少翔实的论据支撑。究其原因是,第一,田野调查是一件苦差事;第二,研究者对农村体育活动的非显著性缺少研究的耐心。当然,对于广场舞的研究相对扎实一些,这也可能与广场舞的活动较为显著有关。

与城市健身公园、健身广场中具有各式各样的体育活动不同的是,有不少农村的体育活动几乎处于停滞状态,或者只有极其少量的体育参与者。而且这些体育锻炼者的体育行为,还不是十分显著的体育活动,大多是出门散散步之类的活动。或者偶尔有人晨起做做伸展肢体的运动,就当是体育参与了。于是,就给进入农村的研究者造成一种农村无体育的感觉。这种情况会让对农村体育充满幻想的研究者知难而退。当然,也就会形成一些纯理论研究或者没有真正案例的所谓实证研究。需要指出的是,在既有农村体育研究中,从文本就可以看出,存在一部分作者会把自己的经验和想象当成研究论据的情况。这种论据有些的确也是经得住检验的事实,但还有不少这种论据是与事实有偏离的。尤其是,当时间推移和事件发生变化之后,已有的经验和想象就不再可靠了。

他山之石,可以攻玉。既有研究虽然存在不足,但对本研究的启示还是非常多的。村民的劳动等同体育的观念,村民老人陈旧观念的影响,村庄体育场地设置的缺乏,农村体育场地的供给等,都给笔者提供了分析问题的维度。农村体育落后经济论、农村体育落后政策论、农村体育落后文化论,他组织理论、自组织理论,利益集团理论、双三赢理论等,为笔者观察农村体育提供了有益的理论视角借鉴。已有农村社会文化与体育、家庭文化与体育、家庭关系与体育、村庄舆论与体育、村民生活与体育等方面的文献,为笔者理解村民的生活世界提供了帮助,为笔者进一步理解村民的体育态度奠定了坚实的基础。

------- • 本章小结 • -------

本章重点阐述了三个方面:第一,核心问题。通过文献整理和实地调查提炼出了本研究的核心问题,即农村整体体育文化贫瘠和部分村庄广场舞兴起的原因。第二,研究意义。本研究侧重从社会学理论视角对农村体育文化进行剖析,研究结果将有助于与既有农村体育发展理论、家庭关系理论、农村社会文化理论进行理论对话;本研究的结果将有助于为农村体育政策制定提供参考。第三,文献综述。主要梳理了农村体育、农村老人体育、广场舞等方面的文献,指出了既有研究的不足及其对本研究的启示。

第二章　研究设计

本章主要围绕五个方面进行分析：第一，调查点选取情况介绍；第二，资料搜集过程介绍；第三，被访者介绍；第四，核心概念界定、研究方法介绍；第五，本研究思路和章节安排介绍。

第一节　调查点的选取与资料搜集

一、调查点的选取

在本研究中，笔者选取的五个村庄分别是，安徽省 S 县的 Y 村和 W 村，河南省 R 县的 L 村，以及河南省 A 县的 T 村和 X 村。S 县位于安徽省中部地区，东边临近庐江，南边临近桐城，西边临近霍山，北边临近六安。S 县内东部地区经济情况好于西部地区，丘陵面积占 20%，山地面积占 52%。全县人口 100 万，其中农业人口 87 万。[①] R 县位于河南省东南部，人口 85 万，全县耕地面积 150 万亩。R 县是全国先进县、文明县、卫生县。[②] A 县位于河南省北部地区，北边临近河北省。2016 年，A 县变成区，原 A 县所辖村庄被划分到不同区，其中笔者调查的 T 村和 X 村被划分到 Y 区。尽管行政划分发生变化，但村庄近年来的生活并没有发生明显变化。笔者当时调查的时候，A 县还未被划成区，所以，在本研究中还使用 A 县的名称。

[①]　乔超.农村代际冲突中老人行动方式变迁研究：以安徽省 S 县 Y 村为例[J].北京：中国社会科学出版社，2015：24.

[②]　http://www.runan.gov.cn/web/front/special/enterpage.php? itemscode=101.

Y村是典型的农村型村庄，W村也是农业型村庄，但当前W村正在搞旅游业建设；L村是典型的农业型村庄，但当时属于政府建设的精神文明示范村；T村和X村临近老国道和大型服装纺织业市场，部分村民外出务工，部分村民在临近市场务工，妇女也基本在临近市场务工，但居住在村庄之内。

二、资料搜集

怀着对农村问题的兴趣，本项体育主题研究依然确定在农村，而且，笔者仍然选取了当年博士论文研究的调查点Y村。笔者对Y村是再熟悉不过了，但当年并没有刻意关注过体育活动，此次研究主要关注体育活动情况。时隔多年，Y村的道路修得更好了，村民房屋也大多变成楼房了，大多家庭也都配备了冰箱、彩电、洗衣机、空调等电器，但Y村却几乎没有体育活动。笔者对Y村非常熟悉，方言交流也不是问题，所以，调查基本上是直奔主题，效率也非常高。然而，问题也出来了。访谈七八个人后笔者发现，村庄几乎就没有体育活动。当然，也不是说访谈没有收获，收获还是有的。通过访谈，笔者发现Y村几乎没有体育活动，反而成了在Y村最大的收获。正当笔者对农村体育感到失望时，一位在Y村边上看场地①的大叔文肇庆，给笔者提供了一条重要的线索。他说，他们W村的体育活动开展得不错，村内有广场舞活动。于是，笔者激动地请求他带路去W村调查，文肇庆大叔欣然同意。于是，笔者开始了对A村邻近村庄W村的调查。

一进入W村，一幢幢别墅映入笔者眼中，村庄风光非常秀丽漂亮。加上W村受到政府的支持，村庄环境异常整洁优美。在W村，笔者首先采访了妇女主任陈宝香，她将整个村庄体育活动的发展，尤其是广场舞的发展讲述得一清二楚。接着，走访了村委会，采访了村主任和办事员。之后，笔者又深度访谈了文肇庆大叔和他老伴，晚上观看了广场舞活动，采访了部分参与体育活动

---

① Y村边上有个挖土的工地，工地上有些机械设备，文肇庆大叔就负责看工地，但他不是Y村人，而是W村人。

的村民。同时还走访了部分不参与体育活动的村民,以便比较分析体育参与者与非参与者的差异。由于对 Y 村和 W 村当地语言和当地文化的熟悉,所以,此次调查用了一个月时间完成,后续资料补充通过电话采访完成。

为了进行地区之间的农村体育文化比较,笔者又选择了河南省 R 县的 L 村和 A 县的 T 村、X 村。在好友带领下,笔者顺利接触到 L 村的广场舞爱好者李花花。看到我们来到村里,她热情地招呼我们进屋落座。进门就拿出好几种饮料让我们喝,笔者没有喝,接着李花花阿姨又拿出苏打水给我们喝。L 村的经济收入确实比以前好多了。十几年前,笔者来过 L 村,当时,根本不敢想象村民能够用这么多种饮料招待客人。听说笔者要采访广场舞,李花花阿姨立马精神饱满地讲述起来,一口气讲述了一个多小时。后来,李花花阿姨又带领笔者来到赵连紫阿姨家,赵连紫阿姨是广场舞的教授者。在赵连紫阿姨家的走廊里,笔者进行了一次深度访谈,参与访谈的还有广场舞钟爱者张翠翠阿姨。在与赵连紫阿姨、李花花阿姨、张翠翠阿姨的交流中,三位阿姨热情洋溢、手舞足蹈,笔者领略到广场舞对村民妇女的影响。晚上笔者又近距离观察了 L 村广场舞的盛况。L 村调查用了半月时间完成,后续资料也是通过电话采访完成。

笔者的朋友家在 X 村,笔者小时候就经常来 X 村,对 X 村非常熟悉。笔者首先采访了朋友,又在朋友的引荐下,采访了部分村民。X 村没有健身广场,也没有健身器材,但村民有晚上散步、健走的活动。而且,部分妇女会跑到 T 村跳广场舞。于是,请求朋友带领笔者去 T 村看看。在 T 村,笔者采访到广场舞的发动者张美香阿姨。T 村没有健身广场,村庄也不太支持村民的体育活动,村委会仅有一个音箱供村民使用,但并没有明确规定是用于体育活动。这个音箱过去一直是供唱戏使用的。张美香阿姨曾经用过村委的音箱一段时间,后因为音箱使用归属不清楚,还发生一点小矛盾。之后,张美香阿姨组织跳舞者集体购买了音箱。张美香阿姨对 T 村广场舞的开展做出了很大贡献,可以说,如果没有张美香阿姨的努力,T 村广场舞是发展不起来的。笔者的朋友与张美香阿姨是好朋友,所以,笔者在 T 村也顺利进行了采访。X 村和 T 村用时一个月完成基本调查,后续补充资料仍然是通过电话采访完成。

以上就是本研究资料搜集的基本情况。调查了五个村庄,共计深度采访了 51 人。男性 25 人,女性 26 人。其中,村主任 5 人,妇女主任 5 人,曾任生产队长 2 人。

第二节　概念界定与研究方法

一、概念界定

（一）农村体育文化

在本研究中,按照文化的一般原则划分,农村体育文化可分为器物层面和精神层面。器物层面包括体育场地、设施等,而精神层面则主要指体育观念、运动理念和运动习惯等。调查发现,整体上,农村体育文化较为贫瘠,器物层面体育文化和精神层面体育文化都是非常贫瘠的。Y 村、X 村几乎没有一块专门的体育活动场地,更没有体育器材。村民对体育活动的观念非常淡薄,最多认为体育就是活动活动,或者认为,体育相当于干农活。当然,W 村和 L 村由于是精神文明示范村,所以这两个村庄得到了政府、村委的政策支持和组织调动,所以,当前这两个村庄内出现了广场舞活动,以及少量使用健身器材锻炼的活动等,村民对体育活动有了一定程度的认识。作为一般村落的 T 村,虽然出现了广场舞活动,但没有任何体育场地,广场舞者在大马路边上跳。总之,五个被调查村庄,除了广场舞活动兴起令人略微欣慰之外,其他体育活动发展非常缓慢。Y 村附近的镇上有少量人群通过健走锻炼身体,以唐大鹏叔叔和其爱人作为健走的典型,其他人的健走活动类似于日常散步,不过他们有了锻炼的意识。X 村也出现了少数村民晚上健走的活动,也是类似日常散步,也有锻炼意识。

（二）农村老人

在笔者调查的五个村庄中，虽然村民已经不再将农业作为唯一的经济来源，外出务工已经成主要经济收入，农业依然还是村庄的重要产业。尽管 W 村正在搞村庄旅游建设，但当前仍然是农业型村庄。也正是在这种情况下，村庄的人口就主要是老人、中年妇女和儿童，体育活动的研究对象也就变成了农村老人和中年妇女，且男性老人大多是 65 岁以上的，因为 65 岁以下老人还要外出务工。而从已经调查到的五个村庄的资料显示，村庄绝大多数人口是老人，中年妇女的人数也在日渐减少，她们也开始跟随男人到外地务工，或者就近务工。村庄基本很少有无所事事的青壮年人。因此，本研究中的主要对象就是老人。

在笔者所调查的村庄中，大多数 65 岁以下的男性老人，还要出去务工挣钱，所以，他们大部分时间生活在外边。尽管这些老人大多在附近务工，有些老人还居住在农村，但他们基本上是仅仅在家休息而已。因此，为了研究的方便，本研究中把 65 岁及以上的老人称为高龄老人，把 55 岁左右①到 65 岁以下的老人称为低龄老人。高龄老人基本上固定居住在农村，当然有个别高龄老人会短时间到城市内与子女同住，但绝大多数高龄老人常年生活在农村。从五个村庄的调查来看，高龄老人参与体育活动极少，仅有少量高龄老人通过散步来锻炼身体，极少量高龄老人通过简单舒展筋骨来锻炼身体。需要指出的是，有几位到过城市与子女一起生活的高龄老人，倒是学会了通过健身器材锻炼身体，但由于村庄缺少健身器材和健身气氛，所以这些老人回到村庄之后就不再继续锻炼了。整体上看，农村高龄老人的体育活动开展情况十分不好。在 T 村、W 村和 L 村，有低龄女性老人参与广场舞活动。

---

① 本研究的年龄主要从社会意义上划分，而不是从生理年龄划分。在农村社会中，一般子女成家了，父母就习惯被称为老人，所以，有些五十岁的中年人就被称为老人了。一般来说，在农村，子女成家之后就算父辈完成家庭任务了。当然，照顾孙辈的事情另当别论。

（三）广场舞群体

在五个被调查村庄中,有三个村庄开展了广场舞活动,分别是安徽 S 县的 W 村、河南 R 县的 L 村和河南 A 县的 T 村,但三个村庄的情况略有不同,所以广场舞群体结构也有些差异。W 村临近镇上,所以,W 村广场舞群体成员包括本村村民和附近镇上的居民,常跳人数大概在 30 人左右,但 W 村广场舞微信交流群人数是 70 多人。L 村常跳人数也是 30 人左右,以本村村民为主,偶尔会有外村人来跳。T 村临近国道,跳舞场地虽然糟糕,但 T 村地处国道旁边,又临近大型内衣市场,交通便利,所以,跳舞者群体覆盖了周围好几个村庄。T 村本村固定舞者是 20 人左右,但总体人数却是 100 多人。三个村庄广场舞群体的情况都是,在天冷和农忙的时候,人数略微少些;天气暖和和农闲时,人数多些,但基本保持常年有人跳广场舞的状态。而且需要指出的是,T 村由于临近内衣市场,还出现了广场舞群体成员去市场干活的情况。市场的活时忙时闲,所以,广场舞群体的跳舞人数也会受到市场业务的影响。市场活忙了,跳舞人数就会少些;市场活少了,跳舞人数就会多些。但 T 村本村的几个铁杆舞者基本是风雨无阻。笔者一次调查就是在内衣市场繁忙的时候,但依然有 20 多人跳舞。三个村庄广场舞群体的性别结构是,W 村和 L 村成员全都为女性,T 村以女性为主,但还有十几位男性。三个村庄广场舞成员的年龄情况是,W 村和 L 村的成员基本上是 45 岁到 65 岁的女性,T 村也基本上以 45 岁到 65 岁的女性为主,但偶尔会有外村路过的 30 岁左右的女性加入,另外有十几位 45 岁到 70 岁的男性。65 岁以上的男性女性老人大多由于学习能力差和观念陈旧,不参与广场舞活动。

二、研究方法

（一）文献法

无论我们研究什么问题,无论问题来源于实践还是文献,查阅文献都是必不可少的工作。只有查阅相关农村体育的既有文献,我们才能找到研究的可拓展之处和创新之处。只有研读文献,我们才能站在前人的肩上继续深入农村体育研究。因此,笔者首先要做的就是,花上数月时间研读农村体育文化的相关文献,力图梳理出农村体育研究的大致脉络,了解这块研究的基本情况,为确定本研究的详细框架和思路奠定基础。

（二）观察法

体育是一个显而易见的现象存在,只要活动开展,任何人都可以进行观察,因此观察法是研究体育文化的重要方法。在本研究中,笔者要用到参与式观察和非参与式观察。非参与式观察是指,研究者与被研究者保持一定的距离,研究者以不打扰被研究者的正常活动为宗旨,如此可以保证被研究者能够真实地表现他们自己,而不会出现被研究者表演给研究者看的现象。笔者进入农村之后,首先静静地观察村民的活动,自己尽量不影响锻炼者的活动情况,这样一来,可以获得较为客观的调查资料。然而,非参与式观察也有一些问题,那就是研究者不能深入地了解被研究者的行动逻辑。所以,笔者同时运用了参与式观察的方法,具体而言:笔者近距离参与到农村广场舞队伍中,同他们一起活动,试图获得他们的身体感受,与他们建立"我们感"。如此,笔者可以获得更为深入的信息。

笔者深入到五个村庄进行了数次观察,有远距离非参与式观察,也有近距离参与式观察。一般在刚刚进村,与村民还不熟悉的时候,使用非参与式观察。而当与他们熟悉之后,就开始使用参与式观察。观察法是研究的一种重要方法。当然,观察的前提是,大脑要有理论准备,否则就无法观察到需要的材料,也无法观察到与非研究者不同的方面。事实上,理论就是看问题的视角,只有准备好了理论,才能在观察中看到新的内容。

（三）访谈法

研读文献,可以让我们熟悉研究主题,丰富理论视角;观察农村体育活动,可以让我们获得生动的一手资料;然而,访谈被调查者才可以获得更为详细的资料。访谈不但可以获得当下活动的信息,而且可以获得以往的历史材料。

通过口述史，我们可以知晓农村体育活动的来龙去脉。因此，访谈法是本研究最为重要的方法。

访谈可以分为结构式访谈、半结构式访谈、非结构式访谈。在本研究中，三种方法都要用到。非结构式访谈用于预调查，半结构式访谈用于初次调查，而结构式访谈则用于大规模调查。访谈还可以分为一般访谈和深度访谈，在本研究中也都要用到。一般访谈用于预调查和初次调查，而深度访谈则用于正式调查。当然，本研究主要使用了结构式的深度访谈。每次访谈时间为一个半小时左右，符合深度访谈的时间要求。笔者通过访谈获得了宝贵的一手资料，为后期的研究分析奠定了扎实的基础。

第三节　研究思路与章节安排

一、研究思路

本研究以村民体育活动为研究主题，对村民的体育活动方式、体育观念、生活观念、健康观念、休闲观念等，进行具体分析。本研究的研究问题是，为什么很多村民不参与体育活动？那些热衷体育活动的参与者的动机是什么？农村广场舞是如何开展起来的？简言之，农村体育何以可能？围绕这些问题，本研究具体展开为如下几个子问题：

第一，当前，农村到底都存在哪些体育活动方式？如果存在的话，为什么能够得到村民喜爱？如果农村体育活动非常稀少的话，又是什么原因导致的呢？

第二，村民的生活方式是什么？为什么村民会秉持这种生活方式？村民的休闲方式、休闲观念、健康观念、体育观念等，都是什么？为什么会形成这种观念？

第三，广场舞是如何走进农村的？广场舞的发展经历了哪些曲折过程？农村广场舞的开展需要哪些基本条件？

第四,从某种意义上说,体育行为也是一种社会行为,那么体育行为何以形成? 社会又是如何形塑个体的体育行为的? 体育在个人与社会关系之间扮演着什么角色?

第五,体育活动到底对村民有何影响? 针对当前农村的实际情况,如何能够切实有效地促进农村体育的发展? 如何能够做到体育服务于村民,而不是为了发展体育而发展体育?

二、章节安排

本书共分为七章,具体章节安排如下:

第一章 导论

本章主要围绕三个方面展开:第一,在整理文献资料和调查资料后,提炼本研究的核心问题。第二,观照既有相关理论,确定本研究的理论意义。结合农村体育的实际情况,确定本研究的现实意义。第三,文献综述。在阅读大量的文献后,找出与本研究紧密相关的文献,以及这些文献的不足和对本研究的启示。

第二章 研究设计

本章重点进行五个方面的分析:第一,选取了哪些调查点? 第二,资料是如何收集的? 第三,整个研究都采访了哪些人? 第四,本研究中都有哪些核心概念和研究方法? 第五,本研究的整体思路是什么? 章节是如何安排的?

第三章 农村老人的休闲、健康、体育理念

本章主要讨论农村老人持有的生活观念。重点探讨老人抽烟、喝酒、打牌与健康之间的关系。了解老人对疾病及对体育的态度。了解李国庆拒绝体育的原因。了解唐大鹏对体育痴迷的原因。

第四章 广场舞——农村体育活动发展的生机

第三章在阐述了农村老人的生活状况后,发现农村老人的体育活动开展得非常薄弱。然而,与农村老人体育文化薄弱不同的是,广场舞的出现为农村体育活动赋予了生机。本章主要围绕四个方面展开对广场舞的分析:第一,农村广场舞是怎样开展起来的？在组织过程中会遇到哪些困难？第二，通过跳广场舞，跳舞者的精神面貌发生了什么变化？第三，赵连紫作为村庄能人，她是怎样成为广场舞教授者的？第四，从社会学的视角分析，广场舞群体有什么特征？

第五章　制约农村体育活动发展的因素

本章主要围绕制约农村体育发展因素的五个方面进行分析：第一，村庄体育场地器材怎么样？村民有体育锻炼的习惯吗？第二，村民经济条件与体育参与是否有关系？第三，个体生命历程与体育参与有关系吗？第四，农村社会结构对村民的体育参与有什么影响？第五，陈旧观念对村民参与体育活动有何影响？

第六章　发展农村体育活动

本章将主要围绕三个方面展开论述：第一，发展农村体育有什么价值？第二，为什么说当前是推进农村体育发展的好契机？第三，发展农村体育的策略是什么？如何设置场地器材？如何推进体育项目？如何指导农村体育活动？如何维持体育活动？

第七章　结论与讨论

本章将主要通过对前述各章节的整理分析，提炼出本研究的结论。同时，还要对一些相关的理论问题和现实问题展开探讨，并指出本研究的贡献之处和不足之处。

———————————— • 本章小结 • ————————————

在研究设计这章中，我们侧重分析了五个方面：第一，对调查点安徽省 S 县 Y 村、W 村，河南省 R 县 L 村，河南省 A 县 X 村、T 村五个村庄的情况进行了介绍；第二，介绍了在五个村庄资料搜集的过程；第三，本研究调查了五个村庄，每个村庄调查了 10 人，镇上调查 1 人，所以，共计调查了 51 人；第四，将农村老人、农村体育文化、广场舞群体等核心概念进行了界定，对本研究使用的文献法、观察法、访谈法进行了介绍；第五，对本研究的整体思路和章节安排进行了介绍。

第三章　农村老人的休闲、健康、体育观念

本章主要围绕三个方面展开：第一，讨论农村老人的生活观念，重点探讨农村老人抽烟、喝酒、打牌与健康之间的关系，了解农村老人对疾病的态度、对体育的态度；第二，分析一个农村老人拒绝体育的典型案例；第三，分析一个农村老人爱好体育的典型案例。

第一节　农村老人的生活观

当笔者问到何为休闲时，大多村民会说"抽烟、喝酒、打牌、走走玩玩就是休闲嘛"，很少有人会想到体育活动，可见，体育活动根本没有真正走入村民的生活中。他们认为体育活动是一种体力活，甚至认为体育活动是"闲人"的事情。干了一辈子体力活的农村老人，已经厌倦体力付出，所以，他们就会排斥依然耗费体力的体育活动。

一、村民的快乐：不用干活

调查中发现，不少农村老人很满足于当前的社会政策：不用交公粮，还有补贴。另外，当前农村老人也不用干太多农活了，这更加让他们认为现在的生活是快乐的。与他们艰苦的过往岁月相比，当前的生活确实是美好的。

如果我们说城市老人在退休后，通过积极地投入到健走、广场舞、骑行等健身活动中，获得快乐的话；那么，农村老人认为只要不用干农活，就是很快乐的。这种观点在调查中得到很多农村老人的印证，尤其是高龄老人。他们说，

"干了一辈子农活了，年轻时，孩子多，家里劳力少，自己就得没日没夜干活。现在好了，国家政策好，不用上交粮食，还能给钱，种庄稼都用机器了，我们也没什么活了，孩子们也能给点①，我们就不用干活了，休息就很舒服。"从上述话语中我们不难看出，农村老人在经历过数十年艰苦的生产劳动后，对体力劳动有了一种抵触心理，身体也出现很大透支。不少老人会感到局部关节肌肉疼痛，一些老人连腰都直不起来。在这种情况下，要求身体直接参与的体育活动显然无法引起他们的兴趣。即使他们想投入其中，也是无能为力。所以，他们才会认为，只要不干活，就是最大的快乐。与农村老人不同的是，城市老人的体力活动相对要少很多，他们的身体透支无法与农村老人相比，因此，城市老人退休后对体育活动的需求就比较高。

劳作和体育活动都需要以身体作为载体，劳作将身体进行无序②开发后，便伤害了身体。我们必须承认，身体是有记忆的。那些炎热酷暑下进行的高强度、长时间的生产劳动，无疑让老人的身体产生了痛苦的身体记忆。每天从田间回到家都会感到腰酸背痛，而体育活动却不可能会常常出现腰酸背痛的症状，即使有，也是短暂的。当然，专业运动员超负荷训练导致的身体过度开发而产生的身体痛苦③，我们另当别论。一般普通体育活动者，运动强度和运动量大多控制在身体能够接受的合理范围内，因此，身体活动还是比较快乐的。

在为了养家糊口的年代里，村民拼命劳作，只有一个目的，那就是填饱肚

---

① 尽管家庭养老存在一定的不确定性，甚至存在极少子辈不赡养老人的情况，但调查发现，绝大多数子辈还是能够正常给予养老费用，起码能够保证老人的基本生活费用。

② 劳动既不以锻炼身体为目标，也不以健康快乐为目标。劳动常常要坚持一个姿势，例如拔草、施肥等，都只是开发了身体的某一动作，并对这个动作进行过度的使用。因此，劳动对身体的开发是无序的，而不是对身体整体均衡的开发。

③ 虽然专业运动员的运动量大，强度很高，但他们有专业队医和康复训练师，所以，身体恢复效果还是比较好的。

子。笔者的调查地 Y 村①是安徽中部地区一个典型的农业型村庄,村庄地处丘陵地带,村内资源非常稀少。而且由于村庄属于丘陵地区,所以,村内有效土地资源也相对紧张。不少村庄老人回顾年轻的时候,都提到了开荒的经历,即需要进行开拓庄稼地。这种劳动量是相当大的。当村民为生存挣扎时,还会顾及身体吗？显然不会。这些经历过饥荒的老人,不少人出现了身体透支之后的后遗症,即肌肉疼痛、关节疼痛、肌肉无力等状况。基于此,老人才会说:"年轻的时候,累伤了,老了,不想动。过去干的活太多了,年老时,就不想干活了。只要不干活,就是快乐的。"

二、抽烟、喝酒、打牌与健康观念

在农村,男人抽烟、喝酒、打牌是很常见的现象,笔者针对这个现象进行了调查。调查发现,大部分农村老人的抽烟、喝酒习惯是在年轻时形成的,抽烟的原因是,"抽着玩的,别人给就抽,不用掏钱就抽"。喝酒也是因为大家聚在一起觉得很热闹。打牌倒不是所有人年轻时的行为,因为当时他们没有钱,也没有时间去打牌。相反,当前倒是有很多老人参与到打牌中来了。

当问起抽烟、喝酒、打牌与健康的关系时,大家都认为抽烟是有害健康的,有些老人是逐渐戒掉了,而有些老人依然抽烟,理由是戒不掉了。还有就是,不抽烟觉得活着也没意思了。关于喝酒,大家都认为少喝点是可以的,还有利于健康,但事实上他们有时候也会喝多,这是一个矛盾的现象。关于打牌,大家认为现在时间充裕了,没事干,就去打打牌消磨时间。但也有部分老人由于经济拮据,不愿意打牌。当问到打牌与健康的关系时,他们认为打牌是为了娱乐生活,但也认为坐得时间久了,对身体不好,而且还会因为输赢引发一些小矛盾。总之,老人对抽烟、喝酒、打牌与健康关系的态度是矛盾的,一方面认为

---

① W 村、L 村、X 村、T 村过去经济的情况也大体相似,T 村和 X 村经济情况稍微好点,但整体上村民在过去的农业劳动量还是很大的。

上述行为有碍健康，另一方面又常常无法控制自己的行为，认为其是生活的一种方式。

就安徽所调查的村庄来看，绝大多数女性不抽烟，但部分女性是喝酒的，而相当多的女性是打牌的。[①] 被访者说，农村体力劳动繁重，女人喝点酒也是一种缓解疲劳的方式。当然，她们喝酒并不多，但这并不说明与她们的健康观念有多大关系。她们喝酒少的原因，更大程度上还是与男权思想有关，即男人多喝点酒没有关系，而女人喝多了就有失礼节。而打牌则成了许多妇女和老太太的娱乐项目，尤其是中年妇女打牌现象非常多见。当问及打牌与健康之间的关系时，她们多认为打牌时间久了，对身体不好，但心情好，一般也没什么关系。她们还说，他们也不会打牌太长时间，因为还要做饭照顾家庭。

而问及为什么不把用于抽烟、喝酒、打牌的时间和费用用于体育活动时，他们的回答则是，没有体育活动的习惯。看来，农村的确没有形成体育文化氛围，导致当前村民闲暇时间大多用在抽烟、喝酒、打牌之上，尤其是打牌成为一种消磨时间的主要方式。打牌不但会由于长期久坐导致压迫身体，而且会由于输赢导致心理处在起伏状态，有时还会发生冲突。而且，聚集在一起，抽烟量也会增大，抽烟造成的咳嗽问题也会加重。然而，村民赞成打牌的理由是，大家聚在一起很高兴。打牌带来的这些问题，老人自身也是清楚的，但他们依然会选择打牌。这就是生活方式惯性使然，或者说没有其他可以选择的生活方式所致。

老人愿意去打牌的原因是，坐着舒服。毋庸置疑，相比身体运动来说，打牌、抽烟、喝酒都是不太费体力的活动，而且又能获得一定程度上的社会交往快乐和生理满足感。从这里我们可以看出，农村体育活动种类的有限性也阻

---

① 河南的 L 村、X 村和 T 村的绝大多数妇女不抽烟，也不喝酒，但打牌人数还是不少。不过近年来，打牌人数有下降趋势，尤其是平时，妇女打牌人数在减少。原因是，妇女们也开始在附近干活挣钱，特别是 X 村和 T 村妇女几乎都在附近市场干活，或者给村庄土地承包人干活。土地承包人主要种植一些蔬菜，村内妇女、老人就干摘菜的活，菜清理干净了，便于批量送到批发市场卖。

碍了老人的体育参与。基于此,笔者以为向农村推进那些轻体力、益智性的体育活动可以作为一种选择,例如门球等。

事实上,体育活动有助于戒掉不良生活习惯。如果喜欢上体育活动,遵循体育活动的要求,就会逐渐戒除掉这些不良嗜好。[①] 具体而言,体育活动要求心肺功能良好,但抽烟会影响到心肺功能,所以,要提高运动水平,就要逐渐戒掉这种恶习。在生活中成功戒掉恶习的案例比比皆是。喜欢上体育活动就会投入心思,这样也就减少了对其他事情的关注,有助于减少生活中的矛盾。

当笔者对老人抽烟、喝酒、打牌的行为进行反驳,指出这些行为的诸多问题时,老人尽管承认这些行为的确是有害健康的,但也能找出这些行为的好处。有老人说:"抽烟可以缓解疲劳,具有提神的作用,而且抽烟一辈子了,无法戒掉了;真戒掉了,身体说不定还会出问题。"关于喝酒,有老人说:"少喝点还是有益于健康的,高兴了,多喝点也没关系,又不是天天喝多。"关于打牌,有老人说:"打牌时大家反而抽烟少了,因为有人不抽烟,就阻止他人抽烟,所以说,抽烟反而少了。"这种观点有点牵强,因为笔者观察过麻将室,抽烟的人还是挺多的。总之,老人要为他们的行为找到合理性依据,否则在明知有害健康的前提下做这些行为,不能感到心安理得。

三、对疾病的关注度不高

笔者在采访期间听说一位 60 岁的老人患上了癌症,但因为是癌症晚期,所以,家人在确诊和简单治疗之后,便将老人从医院拉回家里,说不再治疗了。老人想吃点什么,就吃点什么。他家子女都在外地打工,虽然不算很有钱,但也不至于几万块钱都拿不出来。但老人经过盘算之后,自行决定放弃治疗,子女们也没再坚持。他们的行为看似令人遗憾,放弃治疗等于慢慢等死。然而,他们认为即使花上几十万,也是治不好,等于把钱打了水漂。老人如果花了几

---

① 朱凤书.体育锻炼提升大学生自我控制能力及其大脑加工特点的研究[D].上海体育学院,2015.

十万元钱治不好病,就要子女承担巨大的经济负担,这是老人不愿意看到的结果,也是子女们不太愿意的。这种行为好像有些不近人情,子女见死不救。可是,大病带来的灾难就是如此冲击着人性。

另外一家村民的灾难更大,父子相继查出了癌症,儿子50多岁,而父亲已经70多岁。老人同样放弃了治疗,而儿子因为还年轻,所以,坚持治疗下来。这种大病不予治疗的情况在农村还是存在的。亲身看到时,不禁令人心痛,可大家都无能为力。这也就是村民要拼命挣钱的原因之一了。村民尽管普遍文化水平不高,但对生活的深刻感受却一点也不少。他们深知什么是对他们最为重要的事情,那就是竭力挣钱。尽管在做这件在他们看来最重要的事情时,他们也付出了更为沉重的代价。

小病在村民眼里,那就不是事。常常是感冒很久以后发展成肺炎了,才去就医,却要花更多的钱。或者积累成难以治愈的疾病时,部分人干脆直接放弃治疗。小病的不关注直接地折射出他们健康观念的淡漠,这更是促使我们加快推进建构农村体育文化的原因。尽管体育活动无法治愈大病,但确确实实能够提高健康水平,降低疾病的发生率。[①] 关于体育活动与身体健康的关系,在河南的精神文明示范村 L 村广场舞者身上已经得到了证明。李花花阿姨说:"跳广场舞治愈了我的高血压。"陆俊秀阿姨说:"跳广场舞治愈了我的肩周炎。"还有很多阿姨说:"跳广场舞让我们的睡眠质量大大得到提高。"过去农闲或者农活很少时,家庭妇女就会长时间待在家里无所事事,而无事就会生非。但跳了广场舞之后,家庭妇女有事可做了,生活更为充实了,身体更为健康了。健走爱好者唐叔叔说:"以前主要是抓经济,现在经济条件好了,就要注意身体。你身体锻炼好了,也是一种经济,就可以少去医院,少花钱。可对?"由此

---

① 王正珍,罗曦娟,王娟.运动是良医:从理论到实践:第 62 届美国运动医学会年会综述[J].北京体育大学学报,2015,38(8):42-49,57;汪波,黄晖明,杨宁.运动是良医(Exercise is Medicine):运动促进健康的新理念:王正珍教授学术访谈录[J].体育与科学,2015,36(1):7-12;李红娟,王正珍,隋雪梅,朱玲.运动是良医:最好的循证实践[J].北京体育大学学报,2013,36(6):43-48.

可见,体育活动对健康的促进是有帮助的。

四、"坐着":老人的独特休闲方式

到过农村的人都知道,从村庄街道通过的时候,会常常看到一些村民坐在门口或者某个墙角下。有时候,会有几个村民聚集在一起聊天,但有时候就是一个村民或者几个村民在那里安静地"坐着"。当笔者询问村民,最近忙什么的时候,村民会说,没事,在家"坐着"。可见,"坐着"就是他们对没事干的一种表现。按说当前,村民家庭条件改善了,家里大多安装了电视、电脑等,老人在家里可供选择的活动种类增多了。但当笔者走入老人家庭采访时也常常发现,他们在家里"坐着",什么也不干,尽管有时候会看看电视。

但老人的这种"坐着",却并不是一种修行。这与"坐禅""站桩"的修养身心①是不同的。他们有时"坐着"什么也不想,但有时"坐着"在回顾着一生的过往,思索着自己晚年的生活如何才能有着落。无聊式的"坐着"无疑反映了村民的生活境遇。尽管李国庆大爷说他没时间锻炼,但他经常干"坐着"发呆,就说明了他并不是没有时间,只是他没有心思来参与体育活动。在一天长时间的"坐着"中度过,当然,"坐着"也许是在休息。

"发呆坐着"与"禅修坐着",从表面看,两者是一样的,然而,两者的内心活动却是大相径庭的。无聊式"坐着"是无目的地打发时间,而"禅修"或者"坐式站桩"却是在修养心性,是一种积极的体育活动。发呆式"坐着"也许具有休息的作用,但长久来看这种做法并没有带来身心的明显改善,却往往容易产生慵懒感和无聊感。所以,改变村民的休闲价值观是至关重要的。即使就是"坐着"这种老人最容易接受的方式,也可以将其改造成积极向上的体育活动。从

①　关于禅修和站桩对身心影响的研究详见:徐富明,李燕,邓颖,史燕伟,刘程浩.正念禅修与成瘾行为[J].心理科学进展,2016,24(6):985-994;瞿向阳,魏玉龙.禅修的心理学分析与中医养生[J].中医学报,2012,27(8):961-963;陈婧.三圆导引站桩对中老年人体质的影响[J].运动,2016(5):155-156,105;武冬,熊开宇,宋渊.形意拳三体势站桩肌电变化研究[J].北京体育大学学报,2012,35(4):65-69,73;朱志东.站桩在武术训练中的作用研究[J].武术科学(搏击·学术版),2004(6):68-69.

这个角度看,村民体育活动的发展最为重要的举措是,改变村民对身体观念的认识。将消极无目的的身体活动,转变为积极有目的的身体活动。

农村有句俗话叫"站着不如坐着,坐着不如躺着",虽然这句话有多层含义,但其中包含了劳动与休息的关系。根据笔者研究,可以将这句话进一步完善为"干着不如站着,站着不如坐着,坐着不如躺着"。意思是说,重体力生产劳动是需要干着的,稍微轻一点的体力劳动是需要站着的;而坐着就是休息的意思,躺着就是完全休息的意思。上述这种民间俗语深刻地揭示了村民对劳动的价值判断,即劳动本不是一件令人愉悦的事情。"迈开腿,管住嘴",是人们健身和减肥的一种普遍方法,要求它人们尽量做运动,少吃热量高的食物。而村民老人却认为,"坐着吃肉"才是最舒服的生活。

五、老人的体育观： 随意活动活动

如果我们仔细观察城市生活的话就会发现,城市人口密集,公共空间非常稀少。反观农村,人口稀少,空旷场地特别多,乡间小路行走也非常方便,所以,村民便将"溜达"①作为休闲消遣的手段。尽管"溜达"没有现代体育的意义,但"溜达"也是村民极为放松的休息方式。在干完农活之后,"溜达"一圈可以解除疲乏;在做完家务之后,"溜达"到邻居家拉拉家常也是一种解决无聊的手段;在无所事事的时候,"溜达"到麻将室看看还是一种消磨时间的方式等等。"溜达"这种最为放松的方式,被村民称为体育活动,也不是没有道理,这是跟村庄生活环境有很大关系。

笔者带着体育研究的目的进行农村田野调查却发现,很多老人根本没有现代体育意义上的身体活动。然而,深入分析发现,他们有一套自己的"体育理念",只不过其表述方式与平常的不同而已。很多一辈子都很少出门没有文化的老人,他们根本不知道现代体育的理念,但这并不意味着他们不知道身体

---

① "溜达"是指无目的的走走转转,碰到人就聊聊天,碰不到人就自己去看看庄稼,或者随便走走。与现代城市人在操场上走圈或在街道上有目的的健走是不同的。

健康的重要性。详细分析发现,体育活动的理念在村庄老人口中就是"活动活动嘛"。当我们习惯于将跑步、球类、武术等项目等同体育时,我们是在表述一个显著的身体活动,其中有着明确的项目特征。而老人的体育观却是活动观,即活动就能够使得身体达到一定程度上的舒服。他们所说的活动是不同于现代体育运动的,而是随意走走、散散步,或者干些轻微农业劳动和家务劳动等。

现代竞技体育活动是需要体力的,竞争精神激发了身体的全力投入,而这并不太适合这些身体已经透支的老人。他们疲惫的身体根本接受不了这种运动,别说他们曾经没有体育活动的经历,即使现在派专门人士教他们打篮球、踢足球,建好活动场地,也很难将他们拉入到这些竞技性很强的体育活动中来。

我们知道,武术是我们的民族体育项目,人们都会想当然地认为广泛存在于乡土社会之中。可笔者调查的五个村庄,基本没有人会练习武术。这让笔者感到农村体育活动的极度贫乏。老人认为的早上起来出去散散步也基本上属于无意识的身体活动行为。他们也会偶尔看看体育频道,但对于这批老人来说,生活还是极度单调的。年轻时,只顾着忙生产,所有的事情都围绕着如何维持生活展开,根本就没有娱乐的时间。充其量通过喝酒来娱乐一下而已,真正的体育观念根本没有建立过。五个村庄的调查显示,农村老人整体上对体育活动的态度并不积极,甚至还有明确拒绝体育活动的老人,李国庆就是一个典型案例。

第二节　拒绝体育活动的老人——李国庆

李国庆大爷是笔者调查中遇到的对体育活动的拒绝态度最为有趣的老人。当时按理说他有时间、有精力去锻炼身体,然而,他的回答却是他有诸多困难,导致他无法参与体育活动。这是为什么呢?想要完全解释他的行动逻辑,我们试图通过观察和他的口述来回答这个问题。

一、被收养长大的李大爷

李国庆大爷家坐落在一个小山坡上，与村庄多数房屋修建成楼房不同的是，李国庆大爷家里仅有三间砖房和两间土房，院子没有围墙，更没有院门。看到他家，让我们感觉仿佛回到了上世纪七八十年代。看到我们来到家里，李国庆大爷赶紧给搬了几个小板凳。李国庆大爷光着膀子，下身穿着一条黑裤子，裤子上有几个被香烟烫到的窟窿。他身材瘦小，却也精神抖擞，笔者在说明来意之后，开始了我们的访谈。

李国庆大爷在年幼时，父母就相继去世，留下孤独的他被别人收养。在那个贫困、子女多的年代里，吃饭是一件非常困难的事情，他靠着吃米汤上那一层糊糊活了下来①。这从他瘦小的身材中还是能够看出当年的营养不良。生存的严酷，让年幼的李国庆大爷学会了如何劳动。所以，在李国庆大爷的整个叙述中充满着如何拼命劳动的故事。

二、放弃务工而做生产队长

在 Y 村，几乎所有青壮年劳动力都出去打工的时候，李国庆大爷却在打工仅仅两年之后，选择回村庄做生产队长。李国庆大爷从内心里也并不愿意放弃打工，但他推脱不过村委的请求。尽管他也算计过打工和做生产队长②的利与弊，他也完全有理由拒绝村委的要求，但他之所以回到村庄做生产队长，是有他长远的打算的。他是独居者，一辈子没有娶过老婆，也没有子女。他接受村委的请求，是因为不愿意得罪村委，因为日后他还要依赖于村委对他的照顾。他也愿意主动帮助村民，因为将来有一天如果他遇到困难了，他希望村民

---

① 他这样说的意思是他生活条件极差，也未必就是整天靠米糊糊过日子，可能他也能吃上一些稍微好的东西，但总体生活情况是较为贫苦的。

② 如果在过去没有外出务工的时代，当生产队长是件令人羡慕的事情，但在务工经济出现之后，务工可以挣到钱，当生产队长就是一件不划算的事情了。

能够念起他做生产队长时的好来,对他提供帮助。所以,在他的理性考虑下,他放弃了外出务工挣钱的机会,而做了生产队长。

从他的这个行为我们不难看出,他对村庄是有感情的,他还认为村庄是一个共同体。然而,他曾经的付出果真能够得到回报吗? 针对这个问题,笔者其实已经知道答案了,那就是将来村委肯定会给予他一定的照顾,但至于说,村民能否提供帮助,这就很难说了。为了不伤害到李国庆大爷的热心,笔者压制住了想问的问题①。

三、没时间娱乐

在笔者询问他一生各个阶段的娱乐生活时,他最常用的一句话就是,"没时间"。从他当前甚至有些凄凉的生活境遇来看,他一生的忙碌似乎并没有成就多么好的生活。但"没时间娱乐"却几乎贯穿他一生。李国庆大爷说:"我从小就要放牛、拾粪、干农活,没有读过一天的书,一个字也不认得。也几乎不看电视,除了干活,还是干活。小时候帮家里干活,成年了在生产队干活,分田到户了,自己单干。总之,就是干活。这就是我的全部生活。"

尽管农业生产分为农闲和农忙,看起来好像农闲时,是可以休息的。事实上,情况不是如此。即使在农闲时,也要照顾庄稼,例如浇水、锄地等;还要积肥、养牛、修理农具等,为农忙做准备。而且农闲时,村民之间相互帮助修盖房屋,也是要耗费大量的时间。在二十多年前,村民之间的互助行为很多,基本上都是义务帮忙,是一种模糊的社会交换,但却耗费了村民大部分的时间。另外,还有村民的红白喜事等都需要村民来共同帮忙操持。所以,村民真的没有时间娱乐,当然对李国庆大爷来说,更是如此。

四、戒酒不戒烟

为温饱问题挣扎的李国庆大爷在年轻时学会了喝酒,这不是他的经济能

---

① 这个问题是:"您认为将来您遇到困难时,村民会回报您吗?"

力所能允许的,询问得知,是当时工作队请他喝的酒。他还告诉笔者,那时的酒都是好酒,用人参泡过的酒。后来 50 多岁时,他不再喝酒了,理由是,喝酒太耽误干活了。后来就一直没有喝酒,年龄大了,喝酒容易摔倒,身边没人,容易出事。从他戒酒这件事反映出他对自己身体的担忧,因为喝多很容易出事,他就一个人,他对自己的生活还是非常在意。这在他放弃务工回家当生产队长一事上,就可以看出来他对自己后半生的打算。

李国庆大爷在 18 岁学会了抽烟,也是当年工作队在监督村民干活时,给他的香烟,目的是让村民提提神以便好好干活。既然不用掏钱买,当然可以抽上一支。然而,抽着抽着便上瘾了,以后便自己开始掏钱买香烟了。直到笔者采访他时,他还抽着香烟。他也想戒烟,但又说无法戒掉。曾经在 60 多岁的时候,他戒断过一个多月,结果失败了。戒烟的原因是,他觉得经济跟不上,没有钱抽烟了。关于抽烟的害处,他非常清楚。他清晰地列举了三条抽烟的坏处:第一,抽烟浪费钱,以他两天一包烟的话,一包 7 元,一个月要花 100 多元;第二,抽烟容易失火;第三,抽烟身上一股味道。尽管他是那么清晰地知晓抽烟的害处,但他依然抽烟,不过他内心对于抽烟的事情确实是矛盾重重。

五、生活中只有干活

与城市居民做饭、洗衣服使用的便利设备不同,尽管村民大多已经使用了较为方便的煤气灶和洗衣机,但李国庆大爷的生活似乎还停留在三十年前。他要烧火做饭,就要先去拾柴、砍柴。他自己种了菜,所以,做饭时候还要去拔菜。总之,做饭要花去他很多时间。他说早上起床要弄吃的,所以没时间锻炼身体。如果我们按照城市里的生活方式,即简单做点早餐或者干脆到外边吃点,那是很快就可以完成的事情。因此,城市人不可能理解他,为了弄个早饭要用上几个小时,以致没有时间锻炼身体。等早饭吃完了,就要准备午饭,午饭吃完了,就要准备晚饭。的确,如果按照这个烦琐的做饭程序,他一天确实没有时间锻炼。而且,就他一个人生活,又没有老伴和家人帮他做饭,所以,当笔者深入了解他的生活方式之后，突然明白了他为什么很忙。

积攒了一生的农业劳动技能，似乎在年老时也不肯放弃，当然对他这个没儿没女的孤独老人来说，更是不可能放弃。尽管主要的庄稼地已经承包出去，但他还是保留一块种菜的耕地，这样可以保证他不用为吃菜发愁。

六、没有钱打麻将

在村民蜂拥而至去麻将室娱乐的时候，他也会坐到旁边看人家打牌，但他却从来不打，原因是，他没有钱。尽管李国庆大爷没有文化，没有老婆，看似是非常落魄的一位瘦小老人，但笔者却非常赏识他的人生智慧。他口齿清楚，表达流畅，是表达让笔者比较容易听懂的一位被访者。[1] 笔者想，如果当年他的父母健在，他很可能能够有一个完整的家庭，也很可能能够过上较好的生活。

他不去打牌，对他来说是一种理性选择，他经不起麻将中的输赢。对他来说，晚年能够看看别人打牌，就已经是娱乐了。分析至此，笔者想大家应该已经能够明白，为什么李国庆老人对体育活动持拒绝态度了吧。因为在他的生活世界里，维持温饱、保证生命安全才是最为重要的事情。而体育活动对他来说：第一，是一件非常陌生的事情；第二，是一件非常不重要的事情。即使在当前不需要种植水稻的情况下，他依然是非常忙碌的。他无心去做那些在他看来不属于他的事情。这是城乡生活方式的不同所导致的，我们不能够用城市居民的生活逻辑去衡量村民的生活逻辑，尤其是不能衡量这代经历过苦难的老人，他们到现在依然无法摆脱对维持温饱问题的担忧。尽管当前村民老人有了一些补助，但这些钱也仅仅能够维持最为基本的生活，他们非常担心重大变故的发生。从道义上讲，子女是应该赡养老人的，但却没有老人敢于理直气壮地说，他从来不担心子女赡养和晚年生活。那些低龄老人之所以宁愿外出务工，也不愿意向子女要钱的原因就是，他们感受到了赡养的某种艰难，他

---

① 李国庆大爷是安徽农村的老人，老人说的是当地方言，没有文化，笔者又不是当地人，但老人却能够尽可能将话语表达清楚，这是让笔者很意外的。

贫瘠抑或兴起：
农村体育文化的社会学研究

们还要维护自己的那点仅剩的尊严。他们喜欢在过节时,子女吃老人的,喝老人的,因为那样老人会觉得有些面子。当然,低龄老人外出务工也有为子辈减轻负担,甚至帮扶子辈的原因。

七、宁愿独居而不愿去养老院

李国庆大爷已经 70 多岁了,按照相关政策,他这样的孤独老人可以享受到敬老院的待遇。然而,李国庆大爷却宁愿待在村里生活。他说:"我不习惯那里的生活,人都不认得,也不自由,还是在家快活。"他一辈子在村庄生活,还在年轻时,为了村庄放弃了挣钱而当了生产队长。要知道在外务工的村民的逻辑中,当生产队长是一件非常划不来的事情。李大爷也明白这个道理,但他更明白他需要在日后得到村委的照顾。所以,他当上了出力却不为自己挣钱的生产队长。在村庄事务繁杂、人际关系复杂的生产过程中,队长可不是好当的。要处理各种生产上的事务和矛盾,还要带头带领大家干活。

李国庆大爷对体育的拒绝态度,反映了他曾经生活的艰难。他一生的时间几乎都用在了劳动之上,而根本没有时间和精力来考虑休闲娱乐生活。当然,也就不可能具有体育活动的观念和习惯。从他戒酒不戒烟的行为可以看出,他的健康观念是有问题的。众所周知,抽烟对身体是有百害而无一利,而少量喝酒对身体倒是没有太大影响。可李国庆大爷却选择了戒酒不戒烟,这说明他没有清晰的健康观念。

当前,尽管李国庆大爷有时间了,但他一生的行动逻辑已经定型,他仍然会保持曾经的劳动模式。因此,农村要想推动这些高龄老人的体育活动,必须有体育指导员的发动组织才有可能,否则靠他们自发形成体育活动非常困难。虽然农村大多数老人的体育态度不积极,但并不是说没有老人参与体育活动,健走爱好者唐叔叔就是一位喜欢体育活动的典型。

· 40 ·

第三节　健走爱好者——唐大鹏

唐叔叔是农村少有的一位坚定的体育锻炼者,他现在已经退休回家。调查得知,他之所以退休之后能够进行健走锻炼,与他年轻时候有过体育锻炼习惯有一定的关系。年轻时,他打过乒乓球、篮球等,这些体育锻炼的经历势必会影响到他老年之后的体育活动。他之所以老了之后不再打篮球,是因为篮球运动耗费的体力过大,他觉得身体机能已经不再适合。而他不再继续打乒乓球的原因则是,他觉得乒乓球活动场地过小,有些压抑。他希望到户外进行体育锻炼,可以亲近大自然。唐叔叔居住在临近农村的镇上,他有着农村人的某些特点,例如勤劳、朴实,懂得农业劳动知识,也会种点蔬菜。他能够理解村民的行为方式,但因为他有正式工作①,有退休金,所以他不是严格意义上的农民。退休金的保障,让他不再担忧晚年的温饱问题。所以,他就可以放心地去锻炼身体。而村中很多像他这样60岁左右的老人,还要出去打工。所以,尽管镇上紧邻村庄,但他们的体育观念却是不同的。

一、体育习惯与健走活动

事实上,人们的体育行为要受到习惯的影响,而习惯也体现在个体与社会结构之中,习惯既存在于个体身体和心灵中,也能够反映社会结构的特征。②唐叔叔年轻时有参与篮球活动、乒乓球活动等习惯,这既印刻在他的身体记忆中,也渗透到他的心灵深处,还反映了当时他所处社会结构中的位置。他是粮站工作人员,粮站是当时非常令人羡慕的工作单位。单位配备有多种活动场

---

① 他起初在粮站上班,后来粮站垮掉了,他通过开出租车谋生,退休之后,享受退休金。
② 杨君等.表演的习惯:广场舞群体的生活方式变迁与自我呈现[J].天府新论,2017(2):125-132.

地，所以，他的工作让他有时间、有精力、有条件从事体育活动。与当时完全依靠农业生产的村民相比，唐叔叔处在社会结构中相对优越的阶层。那种社会位置与他形成体育习惯是有很大关系的。

唐叔叔保持的体育活动的身体记忆和心灵记忆，虽然在粮站垮掉多年以后从事了一段自谋职业的生活，其间也停止了很多体育活动，但也并没有被抹掉。所以，在正式退休后，他的体育活动记忆又被唤醒，在有时间、有精力、有经济条件的情况下，尽管体育活动设施并不健全，但也自行开发健走运动。他与老伴居然能够一次持续十几公里的健走活动，其运动量远远超越一般的体育爱好者。

二、从锻炼中体会到好处

唐叔叔通过体育锻炼，明显精神要好很多。他精神抖擞，容光焕发。由于他不抽烟，所以，他有一口洁白的牙齿。笔者采访时，他老伴就在身边，也显得非常年轻。看得出来，他们两人都从体育活动中获得了好处。体育锻炼的健身娱乐效果得到呈现，这就会进一步促使他们继续进行体育活动。而且不断增加健身装备，并经常观看体育频道，学习健身体育方面的知识，形成了一个非常良好的循环。唐叔叔给笔者展示了他们的运动服装和运动鞋，他老伴给笔者放起了音乐，并说他们走着的时候就听这些音乐。

相反，那些从来都不锻炼的老人，根本无法体会到体育活动的魅力。要知道，体育是要有身体的直接参与，通过身体体验、身体记忆来唤醒对体育的激情。而当前不管是何种原因导致的农村体育的缺位，都是对体育事业发展和老人身体健康建设的一种遗憾。

三、丰富生活

唐叔叔反复说，退休之后在家里待着着急，所以要和老伴一起健走。可见，对这位老人来说，体育活动已经成为丰富他生活的一种良好方式。他年轻时因为鼻息肉而戒掉香烟,又不喜欢喝酒、打牌,所以,他就选择通过户外的快走方式来充实生活,使得自己有点事情做,同时这种方式又能够起到健身作用。从他戒烟的行为就可以看出,他具有明确的健康观念。他对自己的身体有控制观念,从他"累了就少跑跑,不累就多跑跑"的表述中可见,他健身是有原则的。从他配备的运动鞋来看,他锻炼是有讲究的。当然,这些表现都与他自身的职工身份有关。他在粮站工作,所以,当年的身体应该不会透支,这与农民是截然不同的。

四、自律性很强

唐叔叔曾是一位在镇上粮站上班的职工,他年轻时抽烟,但因为有了鼻息肉,之后戒掉了香烟。年轻时候,也打篮球,但随着年龄的增大,体力逐渐下降,他便不再打篮球。随后,他开始打乒乓球,他知道乒乓球比篮球耗费的体力小。粮站垮掉之后,他开始跑出租车。到退休之后,他不再打乒乓球,而改为户外健走运动。他的每次运动项目的变化,都是有依据的,而不是盲目的。随着年龄的增长,他放弃篮球,改为乒乓球。但在退休之前,他没有大块时间,所以,只能以打乒乓球为主要活动方式。而到退休之后,他时间充裕了,所以,他认为乒乓球运动的空间太小,户外健走运动更好。因此,当前他的主要运动方式是户外健走运动。他精神抖擞、容光焕发,看得出来他从健走中获得了健康。而这一切都能看出他有着很高的自律性。

五、运动成瘾①

采访时,听到唐叔叔一次健走十几公里,笔者还是有些惊讶。毕竟,一位

---

① 关于运动成瘾的研究详见曲辉,周倩云,曹振兴,刘立伟.运动成瘾影响因素的非条件 Logistic 回归分析[J].天津体育学院学报,2015,30(5):425-431;张瑞,郭海申.运动成瘾的生理学机制研究评述[J].延边大学学报(自然科学版),2009,35(1):91-94;谢松林,李薇.运动成瘾研究述评[J].体育学刊,2007(4):125-128.

60多岁的老人和老伴一次徒步走十几公里，并不是简单的事。他们没有一定的运动基础，是无法坚持下来的，而且是每天都要走这么多。据唐叔叔说，他是越走越远，这一定是运动成瘾的结果，即在运动中获得快乐。在运动成瘾前，健走是无法带来快乐的，甚至还有些疲惫和痛苦；而当运动成瘾之后，不健走就会难受，必须通过健走，才能获得快乐。几乎所有的痴迷于某项体育项目的个体，都是因为运动成瘾。技术动作在长期训练之后，身体产生适应，每天必须给予这种刺激，才能感到舒服。所以说，参与哪种运动不是关键问题，问题的关键是要参与一项自己喜欢的运动，哪怕这项运动在他人看来有些不合适、不正常，那也无所谓，只要自己在运动中获得快乐就行。例如城市中有白发老人会去与年轻人对抗篮球，有人会去做狗爬行的动作，有男性去跳广场舞等等，这些人乐在其中。事实上，这就够了，不需要过多关注他人的目光。

与李国庆大爷相比，尽管唐叔叔也生活在农村地区，但唐叔叔毕竟是有正式退休金的。他的退休金可以使他晚年没有后顾之忧，保证他可以全心去锻炼身体。而其他村民老人则不可能那么潇洒地去进行体育活动了，李国庆大爷就更是如此。李大爷孤独一生，连子女也没有，他对晚年生活更为忧虑，所以，他对体育的拒绝态度更为明确一些。另外，唐叔叔年轻时也养成了一些体育锻炼的习惯，这些习惯也促进着老人能够在晚年继续参与体育锻炼。

本章小结

本章重点分析了三个方面：第一，农村老人的生活观念。大多数老人认为，抽烟、酗酒、打牌是有害健康的，但依然抽烟、打牌、喝酒。他们对于疾病的关注度不高，对体育的态度较为消极。第二，农村老人拒绝体育的典型案例。这是一位出身极为贫寒的独身老人，一生劳作的生活经历，导致他拒绝体育的态度非常明显。第三，运动成瘾的健走爱好者。这位老人有着多年的运动习惯，他从体育锻炼中获得了很多好处。

第四章 广场舞——农村体育活动的生机

本章主要围绕农村广场舞活动阐述四个方面内容:第一,农村广场舞是如何组织起来的?在发展过程中遇到过哪些问题?第二,广场舞对参与者的生活带来怎样的变化?第三,村庄能人赵连紫是如何成为广场舞教授者的?第四,从社会学的角度看,广场舞群体有哪些特征?

第一节 农村广场舞的兴起与发展过程

一、农村广场舞的兴起[①]

政府对精神文明示范村的建设,除改善硬件设施之外,就是要建设村民精神文化活动,而广场舞就是其中一项内容。笔者调查的五个村庄中,有三个村庄开展了广场舞活动,分别是 W 村、L 村和 T 村。在 W 村,笔者重点采访了妇女主任陈宝香,她是广场舞活动的组织者。陈宝香向笔者讲述了广场舞的发展过程。起初,乡政府号召 W 村开展广场舞,但陈宝香本人也并不完全认同广场舞。原因是,在长期以来保守的农村社会中,让妇女们在大庭广众下跳舞,不太雅观,更得不到其他村民的认可。然而,经过乡里派来的体育工作者的努力,妇女主任陈宝香逐渐接受了广场舞。陈宝香首先学会了广场舞的简

---

① 关于广场舞的兴起研究详见薛希良.村庄火了广场舞[J].山东人大工作,2015(11):32;赵翠媛.浅谈广场舞在农村的推广与引导意义[J].民族音乐,2015(2):73-74,;张丽.广场舞在金川区农村的兴起[J].发展,2014(3):97;吴家发.浅谈广场舞在农村的兴起[J].安徽农学通报(上半月刊),2012,18(5):162-163.

单动作，然后再去发动周围较开明的妇女一起学习。慢慢地，少量妇女开始小心翼翼地①在村委会门口跳舞。当时，不少村民过来看热闹，议论声不断。尽管非议声音不断，却也并没有阻挡住观众来观看。渐渐地，妇女们广场舞的活动场地变成了村民晚上聚会交流的空间。时间一长，大家就慢慢接受了。

L村也是响应乡政府号召，由村委会组织村民开展广场舞活动。与W村不同的是，L村不是由妇女主任组织此项活动，而是由文艺积极分子赵连紫组织进行。赵连紫之所以能够积极主动担任这项工作，是因为她本人长期以来从事民间文艺活动。她不但把文艺活动当成娱乐方式，而且还经常通过商业演出挣钱。应该说，赵连紫属于民间艺人。L村接受乡政府开展农村精神文明活动的号召后，村委会便商议着如何开展此项活动，最后村委会推荐赵连紫组织大家教授广场舞。与W村一样，村民接受广场舞活动同样经历了从害羞到喜欢的过程。如果说，W村和L村属于精神文明建设村庄，广场舞活动是自上而下的政府行为的话，那么，T村广场舞的开展，则属于民间群体的自组织行为。

T村广场舞的发展与领舞者张美香有着直接的关系，张美香原本在南方城市中与子女共同生活，专门照顾孙子。她在城市中看到了广场舞这种活动，由于她从小就对音乐舞蹈有着爱好，所以，她就跟着学习。起初，她不敢直接加入到队伍中间位置学，就跟在最后面学。具有艺术天赋的她，很快就学会了很多动作，之后，被广场舞组织者发现了。以至于后来她竟然成了领舞者。后来，她由于在这个南方城市水土不服等原因，又回到了T村。回到村庄后，她仍然想跳广场舞，于是就在门口一个人跳。后来思想超前者赵美兰跟着她跳，两人一直坚持了一个多月，才将队伍逐渐扩大。妇女主任李云云说，他们村在2013年开始搞起广场舞之后，相继有其他七八个附近村庄也搞起了广场舞活动，其他村庄村民还来T村观摩学习。这种现象说明，村民对体育活动还是有

---

① 刚开始跳广场舞，大家都很小心谨慎，毕竟是村庄的新生事物，生怕受到村民的非议。

需求的。

二、农村广场舞的组织过程

从调查来看,村民妇女接受广场舞有一个过程,这个过程伴随着自我排斥、社会排斥的过程。经历了从惊讶、被劝、尝试、学习、接受、习惯、热爱的过程,这个过程是妇女自我进步的表现,也是争取男女平等的一个折射,还是妇女赢得自我权利的过程,更是妇女自我实现的过程。[①]

惊讶

W 村、L 村的妇女在刚刚听说要跳广场舞时,都表示惊讶,觉得这种活动有伤风化。安徽 W 村妇女主任陈宝香说:"让我们在广场上跳舞,我觉得丑。"河南 L 村的广场舞教授者赵连紫说:"大家拿不开脸[②]。"即使 W 村和 L 村广场舞开展得到乡政府和村委会的支持,也未能立刻得到村民认同,何况河南 T 村的广场舞活动,基本上就属于张美香的个人行为,这就更难以得到村民的理解。[③] 领舞者张美香苦笑着说:"我说大家一起跳舞的时候,大家都害羞,好像干什么丢人的事情似的。"

为什么妇女一开始跳广场舞的时候,会认为很丑、有伤风化? 事实上,这是"女主内"的传统观念,而一旦女性跑到外边活动,就被认为很丑。在长期的教化中,女性本身也会将这种观念内化到自己的行为中。所以,妇女跳广场舞自己都会认为很丑。

被劝

政府要号召村民组织开展精神文化生活,于是就有乡里的人下来劝说大家学习广场舞。安徽 W 村是乡政府委派了一个年轻姑娘到村里来教。河南 L 村是在村委会号召下,由村内领舞者赵连紫组织发动起来的;而河南的 T 村虽

① 庞英.广场舞锻炼对农村妇女身体自尊与主观幸福感的影响[D].成都:四川师范大学,2017.

② "拿不开脸"就是不好意思、害羞的意思。

③ 顾骏.广场舞联盟:草根社会组织的生存与发展[J].体育科研,2017(3):37-42.

然不是精神文明示范村，但村内的爱好者张美香成为领舞者，起到了发动广场舞的作用。广场舞的主要参与者基本上都是被劝说进入队伍的，尤其是广场舞队伍的第一批进入者，大多是被多次劝说才进入队伍的。

尝试

W村村委会和L村村委会接受这项任务后，W村村委会委派村妇女主任陈宝香组织大家学习，L村村委会推荐文艺积极分子赵连紫组织开展。陈宝香和乡政府派来的年轻姑娘自己先学习；赵连紫虽然以前接触过广场舞，但要教授村民学习时，赵连紫还是自己先在家备备课。T村的张美香也是在家关着门先跳，自己觉得跳得熟练了，再到外边跳。村庄广场舞组织者准备好之后，才慢慢地发动少数几个比较开朗的妇女先进行学习，村民们就是在这种试探中接触了广场舞。

学习

广场舞对农村组织者、发动者来说，是个新鲜事物，对一般村民更是如此。村民们也许在城市看到过广场舞，但要让她们自己跳舞，则是一件颇为困难的事情。然而，很多事物都是一个逐渐学习的过程。只要村民们能够从思想上接受这种新鲜事物，就可以慢慢学好。应该说，对于多数没有体育基础、舞蹈基础的村民来说，学习这项技能还是不容易的。所以，调查时，陈宝香、赵连紫和张美香都讲到了教授大家跳舞时的种种周折，以及村民在学习过程中遇到的种种问题。

接受

村民在组织者的鼓励下学习广场舞，虽然经历了害羞、徘徊的阶段，但随着大家逐渐学会了一些动作之后，对这项活动的乐趣就慢慢产生了。她们对村民的非议也就日渐不那么在乎了，她们自身感受到的跳舞快乐就开始逐渐战胜其他村民的议论声。同时，跳舞者也为自己的行为找到了依据，即她们是为了锻炼身体,而不是为了"显摆"①自己。

习惯

妇女主任陈宝香接到上级任务,要搞村民文化娱乐活动时,上面派来乡干部女青年来教大家学习广场舞。但妇女主任陈宝香要组织大家学习,她自己就要首先带头学习。她自己开始也从心里不能接受这种活动,认为丑。但迫于上级任务不得不接受组织安排,所以,她就硬着头皮自己带头先学习广场舞。并告诉村民只要勇敢地跳一次,以后就自然了。L村和T村的广场舞者也是如此,只要勇敢跳一次,就自然了。跳得次数多了,习惯和兴趣就养成了。②

热爱

在音乐的旋律中,广场舞者们逐渐适应着舞蹈的节奏,慢慢对这种身体有节奏的运动产生感情,甚至成瘾。任何东西,只要一旦成瘾,就会走向狂热的地步。正如被访者所言:"我们天天跳,就是下着小雨也跳。"采访中,尽管阿姨们也认为自己的动作不够专业,但她们坚持跳,并且要慢慢提高水平。即使有个别村民说,她们跳舞有些扰民,她们也不顾忌。③ 只要能跳舞就行。为了能够学习新的舞蹈技术,他们还要跑到其他村庄跳舞。甚至对老公的反对也不管,在与老公的抗争中赢得了自己跳舞的权利。这不就是某种意义上的女权运动吗?

---

① "显摆"就是炫耀的意思,在农村是一个令人讨厌的事情。

② 黄章宏.社会资本再建构:广场舞的潜功能分析:基于四川X村广场舞的实证研究[J].四川体育科学,2017(3):99-103.

③ 对于村庄内跳舞扰民,也只有个别村民会提出这个问题。由于农村比较空旷,噪音问题也不是特别明显。加上她们也会主动地降低音响的音量,而且农村毕竟是熟人社会,村民因为噪音问题,还不至于造成冲突,这一点与城市社会差别很大。因此,农村广场舞扰民基本上不会成为太大问题,不像在拥挤的城市生活空间内,广场舞扰民所形成的问题那么严重。村民反而会非常喜欢这种热闹的场面。

三、跃跃欲试的观众

广场舞这项活动的一个显著特点就是开放性。观众是广场舞活动非常重要的组成部分,广场舞队伍的扩充也基本来自忠实的观众。这一点在城市和农村都是一样。当然,城市观众可能更为勇敢一点,而农村观众则更为害羞一点。农村的观众转变成广场舞参与者,需要的时间可能更长。

广场舞不仅是跳舞者的盛会,更是观众的盛会。因为有围观[①],所以,跳舞者更有激情;而因为舞者,观众更加热情。所以说,围观是一种力量。当笔者在认真观察舞者的时候,周围的观众也会不时地进入笔者的视野。他们中有人在静静地欣赏,但还有不少人在模仿,在议论,在跟着狂欢。总之,观众的情绪会随着舞者的动作而变化,观众在跃跃欲试。

L村观众中有一位老太太腿脚不灵便,就常常坐在旁边的台阶上看,但只要音乐一起,她就跟着鼓点比画手臂。她的投入程度一点也不比跳舞者低,因此某种意义上说,她也是参与者。还有一些男性老人不好意思跳,但音乐一旦响起来,腿就会不停地抖动,似乎心里也在跟着跳舞者活动。

还有一些观众会临时从旁观者转变成参与者。李花花阿姨说:"有一次,一个外村卖东西的中年男人在旁边看了一会,他就跑进来跳了,人家跳得可好了,可多人看了。"中年男人的舞蹈引得一阵小小的议论,那人较为优美的广场舞动作,着实让大家感到惊讶。事实上,小朋友们也是跃跃欲试的观众,甚至他们的胆量超过所有的参与者和旁观者。所谓年幼无畏,就是说这些小朋友敢于到陌生领域进行尝试。大人在前面跳舞,小朋友就跟在后边模仿,还不停地穿梭在跳舞人群当中。

从对T村的广场舞观察中,笔者发现,一个中年男人开始在边上一边抽烟一边看,过了一会儿,他走到队伍后面跟着跳起来;又过了一会儿,他再次走到

---

① 王怡红.围观研究初探[J].新闻与传播研究,2013,20(8):5-28,126.

旁边抽烟观看。领舞者张美香告诉笔者："他还没有完全融入进来,想跳,又不太会跳,还有些不好意思。"调查得知,广场舞队伍成员绝大多数人都是从观众转变为参与者的,他们大多经历过跃跃欲试的阶段。T村广场舞队伍曾经只有领舞者张美香和另一位思想超前的赵美兰两人,她俩艰难地跳了一个多月才将队伍发展壮大①。而发展起来的成员都是加入进来的观众。领舞者张美香说:"他们开始都是从这里经过时,往这里看看,有的男人就躲在角落偷偷看,后来看有人参加了,这些看的人就很快加入了。"一个四十多岁的男性舞者,在旁边偷看了很久之后,直到队伍中有了一位男性加入,他才迅速加入进来。而第一位男性舞者赵海林②是队伍中思想超前者赵美兰的老伴。赵美兰对赵海林说:"你是选择跳舞呢,还是选择离婚。"在赵美兰的鼓励下,赵海林才开始跳起来。队伍中有了赵海林第一位男性舞者,广场舞的性别构成发生了变化。在农村这样的社会环境下,赵海林开了一个先河。于是,紧接着其他几位一直跃跃欲试的男性观众便很快加入到广场舞队伍。当前,T村由近百人组成的队伍中竟然出现了十几位男性舞者。

四、跳舞抑或跳操

从某种维度上看,广场舞可分为跳操和跳舞两种。跳操就是将健身操动作融入音乐中,而跳舞则是要表现出多样的舞蹈动作。一般来说,跳操比跳舞要容易得多。领舞者张美香说:"跳操容易,跳舞难,跳操的人多。"于是,跳操比较容易受到初学者的青睐。因为操的动作比较简单,动作编排也是单个动作在舞中多遍重复;所以,初学者跟着队伍很快就可以学会,③也就能够加入到队伍中。而跳舞则是较为复杂的,需要领舞者专门去教,还需要跳舞者有一定

---

① 之所以说她们两人艰难地跳舞,是因为她们跳舞的时候,村民不停地议论,而且还没有像样的场地。

② 赵美兰为了发展广场舞队伍,先从家人开始入手,所以,就鼓动她丈夫加入队伍。

③ 跳操有些人需要张美香专门教,有些观众根本不需要教,自己跟着跳就学会了,所以,跳操人数较多。

的舞蹈天赋，所以，跳舞时就会有部分人员退下来。

T村广场舞队伍有一些较为积极的成员，他们与领舞者张美香关系密切，且舞蹈跳得也不错。所以，这些成员就希望多跳舞，不要总是跳操，因为一套操下来需要四十多分钟。但如果坚持多跳舞的话，就会将很多不会跳舞的人挡在门外，不利于广场舞的发展。在这个过程中，领舞者张美香利弊分析后，坚持每天要先跳操，即使跳操是枯燥简单的。这就是领舞者张美香具有的大局观。

五、广场舞与社会偏见

（一）舞蹈逻辑抑或体育逻辑

调查发现，安徽、河南两地的广场舞参与者的行为都受到了家庭成员态度的影响。针对这一问题，广场舞者李花花阿姨的回答颇具代表性，她说："开始要决定跳舞时，掌柜的①不同意，掌柜的认为一个老娘们儿在大街上扭来扭去像什么话啊。所以，不敢去，后来村里积极分子老是来家里动员，说这有什么呀？我们是体育锻炼呀，有什么嘛？于是我就一直给掌柜的说，他也常年在外打工，也经不住我的多次唠叨，最后，勉强同意了，说体育锻炼啊。"这里有一个非常有意思的话题，那就是以跳舞的名义去跳广场舞，似乎被认为是一件不光彩的事情，而以体育锻炼的理由去跳广场舞似乎能够被接受。看来，跳舞与展示身体、容易和异性接触、容易被异性关注有很大关系。但以体育锻炼的理由去跳广场舞，似乎就转变为一种体育锻炼的方式。展示身体不是主要目的，而锻炼身体才是主要目的。这一点很多妇女都提到了。她们说："不就是锻炼身体吗，有什么不好意思的？"

女性跳舞者在说服自家男人时，总是强调广场舞的体育逻辑，即跳广场舞目的是锻炼身体。但广场舞实际上还有着很强的舞蹈逻辑，即展示身体。广

---

① "掌柜的"是河南R县的一句土语，在这里是指李花花的丈夫。掌柜的本来是当家的意思，李花花称呼掌柜的是她的丈夫，也反映了丈夫在家里是当家的。

场舞是舞蹈和体育的融合。广场舞吸引妇女参与这项活动，与这项运动本身的特点有着非常重要的关系，跟中国社会结构中妇女的角色有着非常重要的关系。妇女走出家庭参与社会活动，是一个重要转变。妇女从包裹身体到展示身体，又是一个重要转变。正因为长期以来，妇女的家庭内角色、保守角色，让她们感到不平等，所以以体育健身为目的的广场舞一经推出就受到广大妇女们的喜爱。而且，与交谊舞不同的是，广场舞选择了大庭广众之下的活动场所，避免了人们对交谊舞封闭场所的顾虑。又由于多是群体性单人跳舞，同时避免了男女之间的身体接触，再加上广场舞免费的场地使用等等，这些因素都推动了广场舞的快速发展。尽管其屡屡被贴上扰民的标签，被一次次污名化[①]，但广场舞的脚步却从来没有停下过。当前，恐怕没有任何一项体育活动能有广场舞火爆。就连暴走运动都受到广场舞音乐的影响，使健走者披上音响，放着劲爆音乐穿梭在城市各个角落。

（二）广场舞的性别结构

从 W 村和 T 村的广场舞调查发现，这两个村庄都没有男性的身影。被访者女性认为：“跳舞是妇女的事情，男人们不好意思参与进来。”可见，广场舞的女性特征建构非常明显，即其发展女性某种特质，是柔弱的女性做的事情，而男性要参与阳刚的活动。但在县城的广场舞队伍中笔者发现，有极少数男性参与在其中，在城市广场舞中有少量男性参与。通过仔细观察发现，男性参与者有两个特征：第一，表现出些许羞涩之意；第二，这些男性本身看起来也较为柔和。两个特征反映出：首先，广场舞的女性体育项目的社会建构，广场舞训练的是较为柔美的舞蹈；其次，少量参与者男性本身的气质类型也符合柔美舞蹈。当然，也有一些节奏强劲的广场舞，其中的男性参与者也是阳刚十足。农村、县城、城市三个不同层面的广场舞男性参与者情况，折射出社会结构的差异。农村依然保留着较为传统的社会结构，县城已经出现较为开放的社会

---

① 　王千灵.污名与冲突：时代夹缝中的广场舞[J].文化纵横，2015(2)：74-81.

舆论,城市就更为开放。

广场舞被认为是发展女性柔美气质的活动,男性在中间跳舞,让观众感到与社会对男性期待的气质不符。但是城市人口多样,社会开放度较高,所以,城市广场舞的队伍中总有那么几个男性在跳。健身舞和健身操中那种扭臀动作,城市健身者都在自然地做着,这说明城市活动者具有较高的开放性。而农村男性的传统两性关系区分较为明显,因此,多数农村广场舞的队伍基本上没有男性的身影。概言之,男性是否参与广场舞与气质无关,还是农村的陈旧观念使然。

(三) 男性加入广场舞

与安徽、河南的两个精神文明示范村不同的是,河南的这个临近交通要道的一般村庄 T 村的自发广场舞组织内有近十位男性舞者[①]。仅仅在笔者调查的那天晚上,在只有二十人的队伍中就有六位男性舞者,这让笔者感到非常意外。由于调查期间正值市场业务繁忙的时候,很多平时跳舞的人由于白天干活时间过长,所以,晚上没有时间来跳舞了。但当时仍然有二十名忠实爱好者坚持跳舞,其中就有六位男性舞者。

这些男性成员包括,一位四十多岁的男人,一位做生意的五十多岁的男人,一位头部做过手术的男人,一位患过癌症的男人,一位是赵美兰的老伴,一位六十岁的老人。四十多岁的男性说,为了避免别人说他跳舞会有点娘气,所以,他在做柔美动作时,会尽量收着点,而做具有爆发力的动作时,就会刻意表现出阳刚之气。看来,男性跳广场舞还是担心广场舞有损男性气质。而领舞者张美香说:"广场舞既有阴柔的动作,也有阳刚的动作,不能说只适合女性跳。"

笔者到河南的 X 村调查时,张大海叔叔正赋闲在家,他本来在家里干着事

---

① T 村广场舞中之所以有男性舞者,一方面是广场舞元老赵美兰积极发动丈夫率先跳舞,另一方面,与 T 村临近国道、大型内衣市场有关,村庄对外信息交流较多。村民虽然不能接受男女共同跳交谊舞,但整体思想观念还是要比 L 村和 W 村开放。

情,由于一些原因导致他暂时没法干活。他五十岁,身强力壮。看到笔者到访,他非常热情。但在谈话中,笔者总能感觉到他对现在不能干活非常着急。他说:"我都不愿意出门,叫人家看见,都觉得不好看,人家都出去干活了,我在家待着。"由此可见,村民是非常需要干活的,有着较强的时间观念。他如果干活的话,每天的时间就是金钱;而不能干活,就意味着在损失财富。对此,张大海叔叔是非常理性的。与过去完全务农的时代是不同的,那时大家的时间观念非常淡薄,农闲时,村民就聚集在街头聊天。

因为张大海叔叔的爱人王德美要陪同笔者去调研,笔者建议索性让张大海叔叔也一同去看看广场舞。张大海叔叔起初不同意去,在笔者的坚持下,他才勉强同意。张大海叔叔的爱人王德美到了广场舞队伍之后就立刻去跳了,笔者开玩笑说:"张叔叔也去跳舞吧。"他说:"我才不跳呢,我没有那心思。"的确,张大海叔叔的心思在如何尽快复工。当然,村中他这个年纪的人,大多数人的心思也都在如何赚钱上。而广场舞队伍中的几个中年男性,除了那位四十岁的中年男人对跳舞有兴趣之外,另几位跳舞者大多数都是患有疾病,希望通过跳舞来锻炼身体。

(四)男女授受不亲与广场舞文化

城市广场舞有交谊舞的形式,即男女一起跳舞,但农村的交谊舞似乎还没有被接受。春节期间,W村有年轻人在跳交谊舞。妇女主任陈宝香说:"我觉得挺新鲜,不过我不能接受,嗯……,也想看看。"从妇女主任陈宝香模棱两可的回答中可以看出,男女授受不亲的传统观念正在受到挑战。人们似乎已经有了挑战这种观念的萌芽,因为虽然妇女们对年轻人的这种行为不是特别认同,但已经不再出现明显反对的声音,甚至妇女主任陈宝香还与笔者讨论了交谊舞的动作。毋庸置疑,随着农村青年外出务工人数的增多,外出青年的开放思想已然影响到村庄之内,男女授受不亲的传统思想就不再那么牢固了。

T村也开始学习交谊舞了,但也仅仅限于女性之间的互动。与W村和L村不同的是,河南T村广场舞队伍有近十位男性舞者。然而,在交谊舞活动中，男女跳交谊舞的情况还是不能被接受，仅有的男女跳交谊舞也是夫妻配对跳。即使领舞者张美香也不能接受这种男女共同跳交谊舞的状况，原因是担心村民的闲话。随着改革开放的推进，虽然当前村民的思想已经不再像过去那么保守，但也还是无法同市民相比。交谊舞的男女搭档跳舞，仍然是不能够接受的。这就充分说明传统男女授受不亲的观念还在起作用①。但 W 村的调查显示，她们对跳交谊舞的态度已经不再那么抗拒了。况且，在 W 村、L 村、T 村同时出现了交谊舞，说明人们尽管还没接受男女搭配跳舞，但已经开始接受交谊舞这种舞蹈了，这折射了传统男女授受不亲文化正在松动。简言之，男女授受不亲文化既在起作用，同时也受到挑战。

六、广场舞的魅力

（一）促进身心健康

从广场舞参与者的叙述中发现，他们自从跳舞之后，整个人像变了个样一般，精气神全部提起来了。做事情也积极主动了。居住在内衣市场周围的 T 村妇女们白天在市场干活，而且其工作量也挺大，按理说，她们到晚上应该很累了。但笔者调查得知，这些妇女居然认为，晚上跳广场舞是一种放松身心的方式。笔者晚上观察他们跳舞时发现，他们个个都很享受跳舞的过程。

在这个队伍中，笔者调查得知，有部分成员是有疾病的。他们在发现患病之后，对身体健康开始极大关注。例如，一位男性舞者就是因为患上糖尿病，医生要求他多锻炼身体，他才加入到广场舞队伍中来。通过坚持跳广场舞，他的胰岛素由每天要打四针，逐渐减少，直到最后不用再打。他很高兴，就请所有跳舞的同伴吃饭，感谢大家陪同他锻炼身体。还有一位舞者头部做过手术，他是一位老人，他跳舞的动作非常滑稽，但他跳得非常投入和开心。他也通过跳舞改善了健康。

---

① 虽然交谊舞已经出现在农村，男女授受不亲的观念受到挑战，但就大多数中老年人来说，还不能接受在大庭广众下男女一起跳交谊舞。

河南 R 县 L 村的被访者李花花阿姨,给笔者留下了深刻的印象。她看起来也就 50 多岁的样子,可她告诉笔者,她已经 63 岁了。她说:"广场舞对我的生活影响很大。原来我有高血压,现在也没有了。原来做馒头很费劲,现在一下做 30 个馒头都不累。活动活动是好些。"李花花阿姨是一位非常健谈的广场舞者,她以前不跳广场舞时,总是睡不好觉,晚上老是胡思乱想。家庭邻里有一点小矛盾,就会不断翻腾这些琐事。后来跳上广场舞之后,她就没有时间去想这些事了,满脑子是广场舞动作。做梦都是广场舞动作,她还出现过做梦踢腿踢醒的经历。她一边讲述,一边比画动作,那种投入程度甚至高过专业体育舞蹈人士。尽管她一直说她们不是专业人士,还不停地让笔者给她们示范动作。由于笔者不懂广场舞动作,所以,很难在具体动作上进行交流,只能听她们讲述。

李花花阿姨的痴迷,完全超乎了笔者的想象。一个之前从来没有广场舞活动的村庄,竟然能够在一两年之内,让村民妇女们达到如此痴迷的程度,这确实是体育活动的魅力之处。笔者采访她将近 90 分钟,在此期间,她几乎一直在比画动作。看得出来,她已经喜欢到骨子里了,整个谈话都沉浸在广场舞中,这让笔者感到惊叹。当然,她也有向笔者展示的意味,因为她知道笔者是大学体育教师,她有向专业人士进行交流的需要。这就更进一步说明,她有将她的广场舞动作得到专业提升的需求。所以,她不停地说,她不是专业的广场舞者。她们学习交谊舞时,因为相互之间技术生疏,所以,老是踩脚。为了不踩脚,竟然脱了鞋,光着脚跳舞。天气再热都要跳,下着小雨也要跳。村民妇女以前从来不曾有过这种做事情的痴迷精神。

笔者问 T 村领舞者张美香:"跳广场舞和健走有什么区别呢?为什么不去参加健走运动?"领舞者张美香说:"健走就活动腿脚,而跳舞可以活动全身,走路的时候,你要是全身动的话,别人会笑话的,跳舞全身动,就不会有人笑,跳舞就是这样嘛。"领舞者张美香的这番话清晰地揭示出广场舞与健走运动的区别,即广场舞对身体全面锻炼的特点。任何体育项目都有自身的特点,遵循项目特点就会得到观众的认同，而违反项目特点则会被人笑话。既然广场舞比健走运动优越，但为什么附近村庄还是有不少人去健走呢？健走者齐友佳阿姨说："不会跳啊，也没人教。"笔者问："您可以去跟着人家学呀。"齐友佳阿姨说："跟着也学不会。"看来，健走者不是不想跳，而是不会跳。笔者再问："那要是有人发动你们学呢？"齐友佳阿姨说："那可以去跳嘛。"

（二）促进对体育文化的理解

在看到了阿姨们展示广场舞的身姿，在听到了她们谈论广场舞慷慨激昂演讲后，笔者询问了一个关于体育活动与劳动关系的问题。笔者问："你们认为体育活动等同于轻微的劳动吗？"刘如意阿姨迟疑了一下说："应该可以那么说吧。你看，早上到菜地里干些农活，活动活动不就是锻炼身体吗？可又说，那与跳舞还是不同的。跳舞是很高兴的，而干活没有这种感觉。"笔者接着问："那干活时你是主动的还是被动的？"陆俊秀阿姨说："干活是被动的，而跳舞是主动的。"

最后，笔者再问："那你们还认为体育活动与干活是一样的吗？"两个阿姨都异口同声地回答道："那是不一样的。"由此可见，尽管她们并没有将体育活动与干活的概念做出清晰的区分，但从对话中还是能够感受到她们已经知晓了两者的区别，只是她们的知识结构和已有观念，并没有让她们立刻就能够讲出其中的道理而已。在与笔者的一番对话之后，她们更加明确了对体育活动的认识。需要指出的是，按照研究价值中立的要求，笔者并没有有意去诱导她们回答问题，而只是顺着她们的逻辑进行推理，最后让她们自己认识到体育活动的真正含义，这也并不算违背研究方法的要求。

综上所述，我们不难发现，广场舞者是一群在一开始并不懂得体育活动的村民，但在实际参与广场舞活动之后，他们逐渐体会到体育活动的感受是不同于生产生活劳动的。所以，最后他们扭转了他们的体育观，对体育文化的认识更加准确了。

第二节　民间艺人广场舞教授者——赵连紫

一、民间艺人

为了弄清楚村庄广场舞的发展情况,李花花阿姨推荐笔者去采访赵连紫阿姨。赵连紫阿姨是村庄广场舞的发动者和教授者。跟随李花花阿姨来到赵连紫阿姨家,赵连紫阿姨坐在门口的走廊内。她看起来与村民的气质有些不同,有从事艺术活动的精神面貌。赵连紫阿姨见到笔者到访,神采奕奕地与我们打招呼。当得知笔者来意之后,她很爽快地讲起了她的光辉历程。

她是个看上去面容姣好的妇女,而且性格爽朗。她有着 8 年的打鼓经历,曾经获得当地民间艺人的荣誉称号。她会打腰鼓,后来还学会了打盘鼓,还会唱戏。起初,打腰鼓,后来她觉得打腰鼓不过瘾,就学习了打盘鼓。她们有一个二十多人的队伍,年龄都在六七十岁,最大的是她姐姐,已经七十岁了。在谈话中,她会不经意间做出打鼓的动作,将我们非常形象地引入到她的艺术世界中去。

女性民间艺人在农村还是需要勇气和家庭支持的。她有些泼辣的性格为她的艺术之路提供了个人条件;她丈夫为人开明,为她成为民间艺人也奠定了家庭支持基础。与普通农村妇女相比,她的确有些不同。她们自发成立了盘鼓队,所有设备都是个人筹钱搞起来的,平时就从事各种商业演出来获取报酬。乡里有什么活动,她们也会去义务参加。她们这支队伍的名气越来越大,后来就受到了乡政府的注意。乡里为了民间艺术的发展,就从资金上支持她们重新更换了乐器和服装。这样她们的盘鼓队就发展得更加顺利了。

二、放弃麻将转向广场舞

在农村社会中,麻将流行,性格开朗的赵连紫阿姨,也难免会热衷这个活动。然而，麻将的游戏性质又将赵连紫阿姨从中推了出去。赵连紫阿姨向笔者绘声绘色地讲述了她从打麻将转向广场舞的经历。

赵连紫阿姨说："打麻将是一件让人很恼火的事情，经常是打得让人气得不行。每次打完之后都说以后再也不打了，但到第二天就又去打了，因为麻将还是具有很强的吸引力。"直到那次与牌友发生冲突之后，她毅然地放弃了麻将。那次，她打了一整个下午，一盘也没赢，非常生气。到晚上她又去了，结果晚上她像变了个人似的，连赢五盘。这时候，牌友看到她总是赢，就提出来想要和她换位置，赵连紫阿姨正在赢得风头上，怎么可能和她换呢？就这样他们之间发生了较为激烈的冲突。那次冲突事件让赵连紫阿姨开始痛恨麻将，觉得麻将会疏离人际关系，给自己平添烦恼。

事实上，我们不难理解麻将疏离人际关系的道理。麻将是要分输赢的，而输赢是以钱作为筹码的。但问题的关键还是，赌博是赤裸裸争夺资源的游戏。在游戏过程中，已经预设了每个人的行动逻辑，就是每个人都想赢。所以，发生冲突是在所难免的。放弃麻将娱乐之后，赵连紫阿姨的一位盘鼓队友便开始鼓励她学习广场舞。天生具有艺术细胞的赵连紫阿姨是一学就会。从此，赵连紫阿姨开始远离麻将，迷恋上了广场舞活动。

三、天赋型的广场舞者

赵连紫阿姨似乎是对艺术有天赋的，她跟盘鼓队友学习广场舞动作，一看就会，一个动作练习三遍就可以独自跳了。后来，她又跟着网络上的视频学。而她学习能力最为厉害的是，她晚上躺在被窝里，竟然一手拿着手机，另一手比画着动作，就可以把动作学会。这种学习能力令人惊叹，在讲述中她还不停地回顾学习跳舞的过程。

对于赵连紫阿姨学习广场舞动作的惊人能力，在场所有人都感到惊叹，就连我们几个搞体育专业的大学教师，都感到异常佩服。难怪她能成为村庄广场舞的发动者和教授者。她有着克里斯马型权威①,即她有着独特的个人魅力。

也许因为她学习能力超乎常人,所以,在她教授村民妇女的时候,她多次告诉笔者,这些妇女真是太笨了。她说:"一个'十字步'用了 11 个晚上没学会,竟然到了第 15 个晚上才学会。"笔者问:"那您当时生气吗?"她说:"都是一个村的,怎么好意思生气呀? 都那么大年纪了,但也是控制不住火气呀。我就说,咋那么笨呀,那么笨呀。"

尽管村民很笨,但有些笨拙的村民并没有辜负赵连紫阿姨的辛勤付出,村民们在学会第一个"十字步"之后,其他动作学得就快多了。因为赵连紫阿姨广场舞的出色能力,所以,得到村民高度赞赏,甚至方圆几十里的妇女也来 L 村里学习动作。渐渐地,赵连紫阿姨成了当地小有名气的偶像,还有不少的粉丝呢。

就在笔者采访赵连紫阿姨的时候,旁边的张翠翠阿姨和李花花阿姨也是不断地附和,因为她们都是赵连紫阿姨的弟子,对赵连紫阿姨的广场舞技术和不断创新的精神,非常佩服。毫无疑问,赵连紫阿姨对本村甚至周围几个村广场舞的发展,做出了很大的贡献。难怪她能成为民间艺人,虽然民间艺人的称号是源于她的打鼓艺术,但也充分说明赵连紫阿姨是德艺双馨之人。

四、寻求更大舞台

尽管赵连紫阿姨带动村民学会了广场舞,她也会在本村内跳舞,然而,她却时常不满足于本村的跳舞气氛。她经常跑到镇上或者县城跳舞,她觉得那里的气氛更好。由此可见,村民妇女在跳舞的过程中对体育活动技能要求在不断提高,对体育活动的社会表演性也在不断提高。不仅赵连紫阿姨要去外边跳舞,而且几个广场舞成员积极分子也是要到外边跳舞。阿姨们从被动参

---

① 克里斯马型权威是权威的一种,主要是指个人具有的个体魅力的权威,别人的敬畏来自个体本身的人格魅力、个人能力等。

与跳舞起到笔者采访时，也就仅仅一年左右的时间。从她们拒绝广场舞到全身心投入广场舞；从第一次跳舞面红耳赤，到现在可以在任何广场上神采奕奕地舞动，阿姨们一定是经历了自我认同的转变。

广场舞活动很大的一个特点就是开放性，不会跳舞的人对于在广场上跳舞还是有害羞心理的。而一旦学会了动作，就会有强烈的表演冲动，特别是当他们不断学习新动作时，他们向观众展示他们技能的愿望就更强烈。村庄内那些老人和小孩子观众，显然已经无法激起他们更为强烈的表演心理。从这个角度看，农村社会文化建设的基础，还是需要有人气将外出人群拉回到村庄之内。如果村民能够就近就业，居住在村庄之内，村庄人口就可以多起来，村庄文化建设也就比较容易了。

五、对广场舞精英的思考

（一）重构村庄权威

在不少村民将农村庄稼地承包出去之后，村民之间的纽带逐渐松弛了，农民身份在发生质的变化。而居住在一个村庄的村民，要如何才能够建立起彼此的纽带联系呢？通过广场舞的现象说明，体育活动的发动者和教授者，可以成为村民的权威，就像赵连紫阿姨一样，她就有着很强的发动村民做事情的能力。尽管我们知道权威大多是某个具体领域的，但权威的特点是，具有泛化的功能，即单一方面的权威可以向外延伸。例如电影明星作为媒介权威可以做饮料广告，就是媒介权威泛化为食品权威的意思。同理，广场舞权威也可以泛化为其他方面的权威。因此，建构村民体育活动者的个人权威，为应对当前村民纽带关系的微弱，重构村庄权威，处理村庄事务，发展农村建设是有利的。

（二）体育活动观念的局限性

打腰鼓、打盘鼓、唱戏、跳广场舞等活动有一个共同特点，就是都是节奏性很强的活动。赵连紫告诉笔者："我就喜欢狂的活动。"当笔者问到是否喜欢太极拳时，她很果断地回答笔者："我最不喜欢太极拳了，一个动作，胳膊半天伸不开。"由此可见,尽管赵连紫阿姨可以算作运动强人了,但她对体育活动的认识还是非常有局限的,这一点就比不上唐叔叔对体育的认识深度。在民间艺人赵连紫阿姨的身上,都无法体现出现代体育运动的正确观念,可见农村体育观念是多么的薄弱。

第三节　广场舞的社会学分析

一、建构社会角色,再现社会表演

社会角色是指人们在社会关系中的位置和社会安排,体现了个体在社会中的价值。无疑,广场舞可以实现他们建构社会角色的愿望。从广场舞队伍中我们不难发现,其中有组织者、积极分子、一般参与者,虽然具有很强的自发性和随意性,但其组织性不亚于其他正式组织。每个广场舞者都能在其中找到属于自己的位置,例如那些领导意识强烈的舞者就经常会成为组织者,那些活跃分子也经常会成为跳舞积极分子,那些习惯于服从的舞者就会扮演跟随者的角色。如此,便自然形成了一种类似于正式组织的架构体系。长期的跳舞者很自然地寻找到属于自己个性特征的社会角色,与其他舞者能够进行持续的社会互动。

仔细观察广场舞者不难发现,他们不仅在锻炼自己的身体,同时也在展示自己的身体。细心的观众可以窥视到,观众越是以欣赏的眼光看她们,他们越是跳得热情与投入。毋庸置疑,广场舞者在大庭广众之下锻炼身体,势必会考虑到对身体文化的社会表演。现场凑热闹的观众认真地驻足欣赏,甚至在欣赏过程中被逐渐吸引到队伍中,成为广场舞的一分子。事实上,广场舞队伍就是通过不断吸纳观众而壮大起来的。而广场舞的发起人正是通过他们的身体表演,从而起到宣传的效果。从戈夫曼的戏剧论角度看[1],所有的社会行为都是社会表演,社会表演是体现个体社会性的重要方面。广场舞大妈通过身体展示来实现自身的社会表演,她们不但相互之间进行表演,而且共同向观众进行表演。

二、广场舞者的群体边界

从社会学的角度看,群体是一些有着共同活动形式、目标的个体集合,其与其他人群的社会行为具有差异性,即具有群体边界。[2] 从调查来看,农村广场舞的群体边界既是模糊的,又是清晰的。在广场舞活动的发展过程中,群体边界会出现一些变动。在广场舞发展的初期,也就是群体建构刚开始的时候,群体边界是非常开放的,组织者会积极鼓励所有村民加入到群体活动中来。这时候,群体呈现出极大的包容性和开放性,时时刻刻都会有新的成员加入群体。然而,当群体发展到一定阶段时,新成员就暂时不再增加,形成相对稳定的活动群体。这时候,群体成员的行为特征就会日渐区别于非群体成员,广场舞群体具有了较为清晰的组织特征,群体认同逐渐形成。群体内成员的行为方式逐渐同质化,与群体外的边界会表现在诸多行为特征和话语体系中。例如,广场舞群体成员会对服装、生活、精神气质有特定的要求,交往语言也会经常用"我们一起跳舞的"这种说法,来认同内群体,而区别于群体外成员。

群体建构稳定之后,村庄跳舞的人与不跳舞的人之间就会逐渐形成两种群体。不跳舞的人由于害羞、偏见、自身状况等原因,而拒绝加入广场舞群体。跳舞的人由于从跳舞中获得了精神慰藉、身心快乐等,而进一步认同群体行为方式。调查的安徽河南三个村庄的村民广场舞群体,在当前已经形成较为稳

---

① 汪广华.述评戈夫曼的社会拟剧理论[J].连云港师范高等专科学校学报,2001(3)：28-30.

② 关于群体边界的研究详见,周静,丁琳依,崔丽娟.群体边界渗透性和群体地位合理性与归属感：歧视感知的中介[J].心理技术与应用,2017,5(4)：201-208+244.王悠然.群体边界划分有利于思想传播[N].中国社会科学报,2015-06-29(A03).张杰,孙晓萍.具象化、类社会互动和群体边界：媒介"女性"范畴的现实生产机制研究[J].现代传播(中国传媒大学学报),2015,37(2)：28-33.

定的群体边界。这种群体边界的清晰,有利于群体内成员的发展,但却不利于群体外成员的加入,原因是群体间的行为差异性日渐显著,外群体成员加入的自我成就感较差。这是广场舞发展过程中需要注意的问题。正如李永萍所言:"实际上,像广场舞这样的村庄公共文化活动就应该保持一种非正规的、日常化的、自然而然的状态,如此才能适应和满足农民对于公共文化生活的需求。广场舞一旦正规化,必然会形成对部分村民的排斥,尤其是对老年人的排斥。"①然而,不争的事实却是,广场舞在发展过程中难免会被正规化,而规范动作就是重要的一方面。

三、规范广场舞动作,塑造现代人的精神气质

农村广场舞是由一群害羞的、没有体育基础的妇女们逐渐发展起来的,起初的动作并不好看、并不协调,甚至有些难看。但是,这并没有阻碍她们追求广场舞完美的步伐。从 W 村、L 村和 T 村的调查中不难看出,她们开始都是不好意思跳,对动作也没有太严格的要求,但跳广场舞时间久了,跳得熟练了,她们便开始追求动作的规范。她们自觉规范广场舞动作,第一,反映了她们有了比赛的愿望;第二,反映了体育专业精神的发展;第三,反映了她们的态度正从小农散漫思想向理性化精神转变。体育活动尽管只是一种看似简单的身体活动,可现代体育运动却是典型的具有现代精神的文化现象。遵循现代体育运动的逻辑,则必然对塑造成现代人具有很大作用。所以,我们就会惊讶地发现,那些从前散漫的农村妇女在跳过一段时间广场舞之后,逐渐开始具有了现代理性人的思想和行为模式。这种看似奇怪的行为背后,折射了他们被现代体育形塑的后果。

应该说,体育运动不仅是一种身体活动,更是一种塑造人们思想的方法论。体育运动的技术要求、规则要求等,都塑造着现代人的价值理念。例如,

---

① 李永萍.农村广场舞映射出的公共文化需求[N].中国县域经济报,2016-03-21(3).

广场舞者的动作必须遵循一定的节奏和旋律跳动,而不能随意跳舞,参与比赛就要按照比赛的要求去排练节目,统一的服装塑造着参与者的集体认同,也规范了成员的行为方式。所以,动作规范既是身体规范,也是行为规范,更是思想规范。经历过一段时间的训练后,人们就会发现广场舞者的精神面貌发生了转变,而这种转变的核心是价值观的转变。跳舞者不能有小农的那种散漫思想,即想怎么样就怎么样,而是必须按照一定的要求来跳。在规范的跳舞中去逐渐寻找那种自由的感觉,这种有规矩的自由,即是那种"从心所欲不逾矩"的自由。分析到这里,我们就会明白,发展农村体育运动将有助于促进村民转变为具有理性思想的现代人。

四、广场舞群体内吸引力和约束力

"青壮年男性外出务工与子女进城就学造成农村妇女的孤独感,促成了她们对一种替补型社会关系的渴求,广场舞这种新型文化团体活动能够给予她们组织归宿感。"[①]笔者所调查的 W 村和 L 村两个有广场舞的村庄,村内基本上没有青壮年男人,这就造成了家庭的不完整。大部分家庭的成年子女和男人都在外地,妇女就要承受着独守家庭的寂寞。没有广场舞之前,妇女们以打麻将和闲聊打发时间,但这两种方式都存在着诸多问题,经常会产生矛盾。打麻将的输赢逻辑经常让参与者为输赢而矛盾不断,闲聊也时常会无事生非。因此,这两种方式一旦遇到广场舞这种具有正能量,又适合妇女参与的活动时,必然会被广场舞所取代。安徽的 W 村是从 2013 年开始跳广场舞的,到现在已经参加过多次不同级别的比赛,当地电视台还到村庄进行过报道。河南 L 村的广场舞开展才一年多,但跳舞的热情却异常高涨。应该说,广场舞是一件重构村民妇女生活意义的活动,同时这种群体组织,又为参与者提供了归属感,建构了群体认同。

---

① 韩国明,齐欢欢.农村"女性精英"广场舞领导与村委会竞选分析:动机、能力与机会——基于甘肃省 16 个村庄的实地调查访谈[J].贵州社会科学,2017(2):87.

广场舞者一旦形成了稳定的社会群体,群体就会逐渐生成一种结构,而这种结构会产生影响力。从社会学的角度看,影响力表现为群体压力和群体吸引力。对于群体领袖,他肩负着群体的生存发展,他要为群体争取一定的资源,保证群体的良好发展。他要处理群体内矛盾和群体间矛盾。所以,群体领袖有一定的压力,当然,这种压力也由于自身对群体活动的热爱,一般能够转化为动力。就广场舞群体而言,领袖负责教授大家新的动作,组织大家参与集体活动,处理日常妇女们之间不同意见等。任何一件事的不顺利解决,都会影响到他在群体中的地位和权威,同时也会影响到广场舞的健康发展。

而对于一般广场舞成员来说,他们更多的是享受群体活动带来的乐趣,他们大多只会提意见,只会跟随领袖学动作,只会服从或者反对领袖观点。所以,群体一般成员无法体会到群体领袖的压力。但他们会体会到群体的吸引力。当然,群体形成之后产生的结构性制约力,对所有人都是有影响的。所谓群体制约力是指,群体所形成一些成文或者不成文的规矩。就广场舞群体来说,无论是领袖还是参与者都不应该破坏大家共同遵守的规则,例如跳舞的动作尽可能要规范,跳舞时要严肃认真投入,跳舞时尽可能保持服装的整洁等等。

--------- 本章小结 ·---------

就笔者调查的 W 村、L 村和 T 村来说,农村广场舞的兴起是一个逐步发展的过程。具体表现在四个方面:第一,广场舞参与者大多经历了从惊讶、被劝、尝试、学习、接受、习惯、热爱的过程,这个过程是参与者自我进步、赢得自我权利、自我实现的体现。第二,在农村广场舞发展过程中,遇到了女性自身害羞、歧视男性加入等社会偏见,以及跳舞还是跳操等问题。通过克服困难和问题,广场舞得到了广大村民的青睐。第三,村庄能人赵连紫通过自身的艺术天分和个人魅力,成功地带领村民开展起广场舞活动。第四,广场舞促进了跳舞者的身心健康,提高了对体育文化的认识。广场舞群体对成员的规定,促进了成员自我理性化的过程。

第五章　制约农村体育活动发展的因素

本章将重点分析制约农村体育发展因素的五个方面：第一，村庄体育场地器材如何？村民是否有体育锻炼的习惯？第二，个体经济条件与体育参与有什么关系？第三，个体生命历程与体育参与有什么关系？第四，农村社会结构对村民参与体育活动有何影响？第五，陈旧观念对村民参与体育活动有什么影响？

随着中国经济的迅速发展，体育也大踏步地向前推进。奥运竞赛场上出现了越来越多的中国健儿，中国国旗一次次升起，中国竞技体育实力取得了辉煌成就。与之同时，群体活动也蓬勃发展起来，各种各样的群体活动出现在城市公园和广场各个角落。然而，农村的体育活动却不尽如人意。尽管在新农村建设中出现了一些体育活动，例如广场舞的兴起，但大部分农村的体育文化仍然非常贫瘠。为什么会出现这种情况呢？笔者根据对安徽、河南五个村庄的实地调查，试图回答这个问题。

第一节　村民生活与体育参与

一、体育文化贫瘠论[①]

笔者调查了安徽 S 县两个村落、河南 R 县的一个村落，以及河南 A 县的

---

① 整体上，农村的体育文化较为贫瘠。有关农村体育文化研究详见，姚磊，田雨普.新农村建设进程中农村体育文化服务体系研究——以安徽省为例[J].中国体育科技,2014,50(3)：94-112.姚磊，田雨普,余涛.文化强国战略下农村体育文化服务供给的困境与建议[J].上海体育学院学报,2012,36(3)：14-18,31.

两个村落的体育活动状况,在这五个村落中,其中有两个是精神文明示范村,三个一般村落,具体情况为:安徽的一个精神文明示范村(W村)和一个一般村落(Y村),河南的一个精神文明示范村(L村)和两个一般村落(X村和T村)。精神文明示范村由于得到政府资金支持,村庄修建了健身广场,配备了健身器材,而一般村落则没有这些设施。①

文化可分为器物层面和精神层面,体育文化也是如此。体育场地、设施就是器物层面,而体育观念则是精神层面。在一般村落里,这两方面的文化都是非常贫瘠的。Y村、X村几乎没有一块专门的体育活动场地,更没有体育器材。作为一般村落的T村,在张美香阿姨的极力推动下,出现了广场舞活动,但其他体育活动依然非常薄弱。村民对体育的认识要么是通过电视获得一点体育见闻,要么是认为体育与生产劳动无异。当然,精神文明示范村W村和L村由于受到乡政府、村委的政策支持和组织调动,所以,当前村庄出现了广场舞活动、篮球活动,以及使用健身器材锻炼的活动等,村民对体育观念有了一定程度的认识。

相比农村体育文化的贫瘠,城市体育文化可谓非常丰富,正如有学者认为的体育文化传播的"城市中心主义"②。笔者对河南K公园和Z公园的实地调查发现,为响应全民健身活动的发展,两个公园都从曾经收受门票的观赏性休闲公园,改造成布满体育器材和标注体育标语的健身公园。公园里有供跳广场舞的长方形或者正方形场地,有供健走的环形场地,有供打乒乓球的球台,有供打篮球的篮球场,有供提高身体素质的体育器材,有供打门球的带有草坪的封闭场地,等等。这为市民提供了相对充裕的活动场地。同时,很多场地上还标有运动常识和标语,体育文化气氛相当浓厚。走入这些公园里,人们不由

---

① 全国各地农村的状况差异较大,体育发展也不尽相同,有些地方的农村体育器材的投入状况较好,而有些地方则较差。但与城市体育活动相比,农村体育活动整体上还是较为薄弱。

② 任保国,张宝荣.建设新农村与构建和谐社会中发展农村体育文化探析[J].体育与科学,2007(1):14-18.

自主地就能够参与到健身中去,这就是体育文化。反观农村体育场地的匮乏、体育标语的缺失等,都是农村体育文化贫瘠的直接表现。

需要指出的是,同样是农村,河南温县陈家沟就有着浓郁的习武风气,甚至形成了体育文化产业,村庄还修建了太极园和祠堂。村内的武校和培训机构非常多,世界各地的太极拳爱好者慕名到此学习。作为农村的陈家沟,体育文化相当丰富。当然,陈家沟这样的村庄并不具有广大农村体育文化的代表性。笔者拿陈家沟来分析,只是要说明农村本身不是问题,问题是农村内是否有体育资源,如果有,那么这些体育资源如何被开发。陈家沟把武术开发成了产业,而广大农村根本缺少这项内容,或者即使有也并未重视。

二、体育生活方式贫瘠论

对农村中老年人村民,尤其是高龄老人来说,很多人要么是一天学都没有上过,要么是仅仅读过几年书,总之,村中老年人文化水平普遍较低。这同时说明他们很少受过体育教育,很少有体育运动的经历,体育很少进入他们的生活,即体育生活方式基本上没有完整地建立起来。何为体育生活方式呢?通俗地说,是指人们将体育活动当成生活的一部分,成为人们一种稳定的生活方式①,如同一日三餐一样不可或缺,成为人们每天都要做的事情。而村庄中老年人根本没有将体育融入自己的生活中来,何谈体育生活方式呢?简言之,村民体育生活方式与村民生活状况有很大关系②。

体育活动一旦成为人们的生活方式,就意味着体育成为人们的一种自觉行为,基本上不需要去刻意提醒自己,就会主动去参与运动。那些痴迷于体育活动的群体,无疑是将体育作为生活方式来对待。当你去问他们,体育活动会

---

① 李文川,肖焕禹.体育生活方式的概念界定及其范畴结构[J].上海体育学院学报,2010,34(3):33－37.

② 余涛,涂传飞,余静.村落体育生活方式的百年变迁及启示[J].上海体育学院学报,2011,35(4):58－63.

导致身体疲惫吗？他们会告诉你,体育活动无论带来疲惫感还是轻松感,都是体育活动本身应该具有的内在因素,都是提高身体素质的必要过程,不做体育活动会感到浑身难受。这就是体育生活方式的身体体验。同时,体育生活方式还会带来心理的美好体验,那就是给予活动者以心理满足感和平静感。

而城市体育活动者的身体体验,是很多村民根本体会不到的。农村中老年人被访者会找出各种理由将体育活动拒绝于生活之外,例如没有时间、没有场地、没有习惯等等,宁愿坐在麻将室"苦战"一天,也不会去参与那些根本不需要专门体育场地的活动,例如健走、太极拳、抖空竹等。农村体育生活方式贫瘠的具体表现,从与城市体育群体生活方式丰富性对比一下,就会立竿见影。

笔者通过在河南 K 公园的实地调查发现,很多居民在固定时间来到固定地点进行锻炼,来的时候把各种用品准备得一应俱全,包括衣服、水、毛巾、板凳、香烟、食品等。而且很多老人来得很早,离开得很晚,简直把运动场地当成家一样。在公园可以看到一些人在饭点时,坐在运动场地旁边吃着东西,喝着水,抽着烟,悠闲地聊着天。等锻炼时间一到,即刻开始各种运动,有暴走,有跳舞,有打球,有五禽戏,有健身操等等。据笔者对公园的长期观察发现,有些老人整天待在健身公园里,一天能参与好几个体育项目,例如早上练太极拳,下午打乒乓球,晚上跳广场舞,不练的时候就在公园看别人练。

显然,他们已经将体育运动融入生活,成为一种典型的体育生活方式。生活中的很多细节都紧紧围绕体育活动,如打门球的老人以门球为纽带展开其他话题的讨论,之后又回到门球。打球间隙,坐到一旁抽上一支烟,聊聊天,之后再度回到门球活动场地。据笔者观察,一群老人整整打了一个下午的门球,再加上来公园和回家的路上时间,一天的大部分时间都用在体育活动上,这不就是体育生活方式吗?[1] 而反观农村老人对体育活动的漠视,足以说明农村老

---

[1]　汪文奇.我国老龄化社会进程中老年人体育生活方式的研究[J].北京体育大学学报,2004(8):1025-1027.

人体育生活的贫瘠。

三、体育习惯养成贫瘠论

　　Y村是一个比较贫困的村庄，改革开放前是一个非常封闭的社会，人们主要以务农为生。由于地处丘陵地带，耕田资源并不充足，温饱都成问题。一些老人在分田到户前有过忍饥挨饿、逃荒的经历，如此，他们怎能有体育活动呢？遑论体育习惯的养成。随着分田到户、改革开放，尤其是惠农政策的实施，农村生活条件得到很大改善，外出务工也大大提高了农民收入，生活条件逐渐得到改善，温饱不再是主要问题。但老人的生活经历依然是缺乏体育活动的。所以，当笔者谈及体育活动时，他们并没有太多印象。充其量通过电视节目来了解一些大型比赛，很多老人也只是看看热闹，根本看不懂体育比赛规则。在这种背景下，现代意义上的体育活动对他们来说，是陌生的。事实上，非但农村老人没有形成体育活动习惯，就是一些中年人也没有体育活动的习惯。

　　当然，如果我们说一些传统体育活动，他们也知晓一些，如拔河、扭秧歌、划旱船等带有节庆仪式的民俗活动。但在这个贫困的村庄中，人们更多的是把提高经济收入放在首位。一旦有了外出务工的机会，村民便开始努力挣钱，而不是考虑如何参与体育活动。这种现象，如果我们设身处地想想，也能够理解。

　　当前，村民大多有了一些经济储备和闲暇时间，但大多把经济收入用于修建房屋，把闲暇时间用在打麻将和打纸牌上，而很少有人去参与体育活动。当笔者问及为什么不去健身时，他们回答道："出去转转不就是锻炼吗？打牌聚在一起，很有意思嘛。"从根本上说，这些老人年轻时基本都没有体育的经历，年老时也就不知道如何健身。

　　可喜的是，就在笔者调查期间，村庄正在修建健身广场。笔者问老人："如果广场修好了，你们会去吗？老人们说："那可能会去看看嘛。"这种不坚定的回答,折射出他们对体育知识的极度欠缺。麻将、纸牌看来还是他们的主要娱乐方式。当前,街头聊天也越来越少了,这与村庄生产方式转变有关。过去生产互助行为很多,例如修建水渠、修整庄稼地、互助耕种等,而当前随着生产机械化的到来,农业劳动互助大量减少,村民集体活动大大减少。人们之间的共同话题日渐转移到打牌中去。用打牌带来的刺激来消磨时间,给无聊的生活注入一点乐趣。曾经的街头聊天已渐行渐远。

笔者采访了一位居住在镇上的退休工人唐叔叔,他居住在紧邻村庄的镇上,也是老年人,可他却具有良好的体育活动习惯。调查发现,唐叔叔年老时的体育运动习惯,与其年轻时的锻炼习惯养成有关。而大多数村民年轻时则没有体育锻炼的习惯。这个村庄的老人大多数是 65 岁以上,是基本上丧失劳动能力的一群人,而那些低龄老人则还要出去打工。由此看来,村民的行动逻辑还是主要指向发展经济,只要有体力就去挣钱,而不会把体力用在如何锻炼身体上。这反映了村民的生存状况,也折射了村民对体育行为的态度。

外出务工者在城市中受到城市体育活动的影响,部分务工者会投入到体育运动中来。他们尽管的体育技能较差,但已经意识到、感受到体育运动所带来的乐趣。而且由于其子女(跟随父母到城市读书的小孩)在学校中受到体育教育,所以,民工家长为了陪伴子女也会逐渐加入到体育锻炼中来。况且,当前体育成绩在中考的分量增加,促使民工家长也具有体育锻炼的意识。

综上所述,当前农村村民由于生活经历等原因,造成自身没有养成体育锻炼习惯,导致他们对体育活动没有兴趣,也没有行动。而部分外出务工者受到城市生活的影响,受到子女体育行为的影响,逐渐养成了一定程度的体育锻炼习惯。总的来说,村民的体育锻炼习惯还是缺乏的。

第二节　经济条件与体育参与

一、贫困限制体育参与

与妇女跳广场舞的行为不同的是，[①]男性老人参与任何体育运动，基本上没有家庭成员会干涉，但为什么很多老人还拒绝体育运动呢？除了他们对体育知识的缺乏，精、气、神的不足，体育倡导的缺乏等因素外，那些低龄老人担忧的主要还是子女是否能够尽心赡养。正是由于他们对子女赡养的不完全确定，所以他们才会在有能力出去打工时，坚持外出打工挣钱，当然也就没有精力参与体育活动。另外，尽管那些在家的老人已经不再干重体力活，但他们也还要承担起隔代抚养的责任，所以，他们也不敢将精力完全放在自己身上。虽然有些老人也不一定是整天照顾孙子、孙女，但他们似乎总是关注家庭内部事务，而无心关注自己的娱乐活动。这代老人的家庭观念已经渗透到骨子里，思考的所有事情都面向家庭之内，而很少关注自身幸福问题。尽管不少子女也真心支持他们参与体育活动，但他们的思想观念却总也离不开家长里短。

大多数广场舞妇女们的子女都已经成家，她们的丈夫在外地务工挣钱，她们自家有相对稳定的经济收入。所以，她们不用依靠子女赡养就可以解决温饱问题，她们去跳舞不用考虑任何经济问题。而高龄老人，无论是男性还是女性都已经丧失了外出务工的能力，他们要依靠庄稼地租金、老年补贴和子女赡养金维持生活，这些钱虽然能够维持生活，但与广场舞妇女们的经济条件是无法相比的。因此，大部分高龄老人在生活上非常俭省。

---

① 妇女刚开始跳广场舞时，他们往往要遭到丈夫的反对。当然，妇女们跳广场舞时间久了，她们的丈夫也就慢慢接受了。

对于子女已经成家的老人来说,按照代际关系反馈理论①的观点,子女应该赡养老人了。然而,注重家庭观念、劳作了一辈子的老人,却并没有将生活完全依靠子女。原因是,一方面子女的生活条件并非理想,子女的赡养情况并不能完全满足老人生活需求;另一方面,即使子女有能力、有意愿尽力赡养老人,老人也因为心疼子女,而仍然愿意自身继续劳作,以减轻子女负担。这样一来,本该退养的老人并非真正退休了,而是仍然要干活,甚至外出务工。在这种情况下,我们根本不敢奢求他们能够参与体育活动。即使他们也说,在城市打工时,也看到过别人常常跳跳广场舞、玩玩健身器材、跑步、打球等,但他们认为这些跟他们关系不大。

享受理念很难让劳作一辈子的老人快速接受。当然,也有部分老人是接受享受观念的,但大部分是那些实在干不动的老人。而且,需要指出的是,即使子女赡养老人,其赡养费用也仅仅能够维持基本生活。老人根本不可能建立体育消费的观念,大多仅仅维持在有饭吃有房住,生病有子女出钱照顾的程度。这在农村都是受到羡慕的对象。

当笔者问到老人为什么不去锻炼身体时,他们常常说:"没有时间。"这种态度除体育习惯缺失、发展经济等原因之外,勤俭节约导致的生活时间成本增大,从而致使没有时间去锻炼身体,也是实际情况。以下我们通过城乡老人的生活方式比较,来具体说明村庄老人的勤俭节约是如何导致没有时间锻炼身体的。

无论是城市居民还是农村居民,生活无非是衣食住用行,但城市居民还要追求个人享受,这种享受与那种村民老人所说的吃好的不同,而是包含有精神享受、奢侈品享受、旅游享受等各种各样的内容。村庄老人基本以维持生活为满足,所以,村庄老人常说生活就是过日子。

---

① 有关反馈论的研究详见,费孝通.乡土中国 生育制度[M].北京:北京大学出版社,1998.马超.中国家庭代际关系变化研究[D].吉林:吉林大学,2007.乔超.农村代际冲突中老人行动方式变迁研究:以安徽省 S 县 Y 村为例[M].北京:中国社会科学出版社,2015.

　　城市居民的食物大多是购买的，去一趟大超市就可以购买一个星期的所有食物，很多食物还是成品、半成品，在家加工起来非常方便快捷，他们还时常去饭店吃饭，这样一来，对于城市老人来说，准备食物就不是问题，也根本不需要花费太多时间。但前提是，他们有充足的经济实力。而村庄老人就不是这样了，他们不可能去大型超市购物。所有的食物都是经过精打细算才去购买，为了买上一件最为便宜的食物，宁愿多跑几公里也在所不惜。种菜也是为了节省钱。对于衣服来说，城市老人当然可以随时购买，所以，也是不需要太多时间。而村庄老人对于衣服的态度，虽然不能说还是过去时代的那种"新三年，旧三年，缝缝补补又三年"，但他们绝不会在衣服出现破裂时，像有些城市居民一样直接扔掉。所以，农村老人在衣服上也是节省的，同时也是费时间的。城市居民的家庭用品坏了，有些人就直接丢弃了；而村庄老人是舍不得丢弃的，他们要修理一下，继续使用。这都反映了农村老人的节省态度，但却费时间。再说关于出行的问题，城市老人出门或者坐车或者开车，都是方便快捷；而农村老人却尽量选择自行车或者步行，充其量开个电动车。总之，城乡老人之间的生活方式差异还是非常大。

　　就连生活在城市多年的农村老人郝大爷①，都经常会为了买到便宜的菜，宁愿步行好几公里，而家门口就是大超市。当然，郝大爷也会去大超市，但那要等到超市商品打折时去。简言之，城市老人的经济条件决定了他们的生活态度，不用那么勤俭，从而节省下大量时间用于锻炼身体。而农村老人的经济条件却决定了他们需要勤俭，从而花费了大量时间，因此也就没有时间去锻炼。

　　综上所述，我们不难发现，城乡老人体育态度背后的重要差异是经济条件。经济富足的老人可以不节省经济而节省时间，因而有了锻炼的时间；经济

---

　　① 像郝大爷这样的农村老人在城市子女家生活的情况很多，但这些老人的很多观念却依然是农村观念。就体育活动来说，生活在城市的很多农村老人并没有养成体育活动的习惯，这与他们自身的经济收入不稳定有很大关系。他们基本上是靠子女的赡养生活，而不是靠自己的退休工资生活。

贫困的农村老人可以节省经济而不节省时间,因而没有锻炼的时间。这就是农村老人勤俭节约与体育活动缺失的一种解释维度。

二、经济保障不足限制体育参与

有正式工作的老人退休,意味着不用工作还可以领取退休金,他们可以凭借退休金安度晚年。衣食无忧而后开始思考如何保重身体,以便可以享受晚年生活。然而,与城市居民不同的是,农村农人没有退休金。农村老人仅有的那点农业补贴、耕地租金、老人补贴等,加起来一共也就一年 2000 元左右①,而城市退休工人一个月也不止 2000 元。所以,村庄老人的经济条件还是很差,他们不可能像城市老人那么潇洒。村庄老人之所以要种菜,也是希望能够节省点菜钱。村庄老人如果说有退休金的话,也就是所谓的靠养儿防老的代际交换所得的养老金。但代际交换从来都不是那么稳定的,而且在当前村庄舆论松动的背景下,子女赡养的情况更是难以受到村庄孝道的约束。② 因此,农民不敢轻易退休,因为退休就意味着失去了自己可控的经济收入,也紧跟着会降低老人在家庭中的权威。所以,一般村民老人不会轻易退休,这在调查中得到明显印证。Y 村、W 村、L 村 65 岁以下的老人还基本都在外务工,干些体力活。X 村和 T 村的男性老人在本村种植人家承包的菜地,女性老人干那些摘菜的活。五个村的 65 岁以下的老人基本都在干活挣钱,而且摘菜的老人有些都 70 岁左右了。而待在村庄的老人大多数是那些实在干不动的老人,真是活到老,干到老。农民退休没有年龄的划分,只有身体状况的划分,只要能干,是不会退出劳动的。其原因,一方面是劳动的惯性,另一方面还是经济保障的缺失。

---

① 当然各地农村可能金额略有差异。

② 有关农村家庭养老的研究详见,胡建梅.农村老年人养老问题分析及对策[J].劳动保障世界,2018(6):18+21.王文文.农村养老现状及发展对策探究[J].中国农村卫生,2017(23):11-12.林晓,李辉婕,林超.关于我国农村养老体系现状的研究综述[J].经贸实践,2017(23):57.

Y村的胡大庆叔叔坐在新建的房屋内，在向笔者自豪地讲述着他光辉奋斗的一生时，还是会不经意间流露出对生活的某种忧虑。他的子女之所以在外务工的同时仍然选择在家建房，其原因就在于，他们都对城市中的未来没有确定感。第一代农民工已经出现某种尴尬，是留在城市呢，还是回归村庄呢？如果留在城市的话，他们显然已经失去经济收入能力，根本无法承担城市生活的压力；但如果回到家乡的话，又有些不甘心和不适应。新生代农民工前赴后继地进入城市，似乎他们对城市的向往更加强烈。但是否能够在城市中稳定生活一辈子，也未可知。因此，空心的村庄中依然有着建房的身影。老人忧虑自己到晚年，子女的赡养能否靠得住。一方面，他们担心子女不孝敬，有钱不给，有时间不陪；另一方面，他们担心子女的生活也没有保障。在这种对经济忧虑的老人生活中，如何奢谈体育的价值和作用？

三、经济条件富裕促进体育参与

胡国庆大爷的子女给老人的赡养费较高，所以，胡国庆大爷的生活状况比其他村民老人要好很多，这导致他对健康的认知要比村中其他老人更为清晰。他20多岁开始抽烟，一直抽了近50年，但在两年前把烟戒掉了。原因是，他检查出了慢性胃炎，医生建议戒烟、戒酒。子女非常关注他的健康，就督促他听从医生的建议。但胡国庆老人却还是喝点红酒，每天中午喝一杯，红酒是一瓶100多元。这种档次的红酒对于农村老人来说，还是有些昂贵的。从胡国庆大爷的健康观念看，家庭经济条件富裕还是起到了很大的作用。

胡国庆大爷77岁，他独自居住在家里，儿子在杭州工作。他每天要打麻将，每次输赢都有四五十元钱，而且输钱的时候多。他并不在乎输钱，把打麻将基本当成填充生活的一种方式，因为他说："在家没有什么可以玩的。"他曾经在杭州儿子家住过一年，当时他也到健身广场玩。他一口浓郁的家乡话，最后居然能够与广场上的当地老人进行交流。他在村庄从来不懂得健身，但在杭州的健身广场上却会去健身。

我们不讨论城市文化的好坏,仅仅就胡国庆大爷在城市生活的一年时间来看,城市文化对他的生活观念还是产生了影响。使得他能够逐渐接受100元一瓶的红酒,能够敢于去与城市居民进行交流,能够在健身器材上模仿着其他人进行健身。这改变了他在农村社会生活的封闭观念,让他勇于接受新的生活方式。由此看来,村庄老人尽管有着很强的传统观念,但在城市文化面前还是能够逐渐适应的。老人城市生活的经历还是一定程度上改变了他在村庄的生活态度。

四、发展经济的主旋律

一些长期贫困的村庄,发展经济摆脱贫困,一直是村民的主要目标。改革开放之后,特别是外出务工现象出现之后,村民把主要精力用在如何在城市中挣钱上,而无暇思考其他问题。甚至付出"丢弃"抚养子女、赡养老人的代价,来务工挣钱。而这一切的背后,有着村庄的结构性力量在起作用,即笼罩在村民身上总想摆脱的贫困问题,这使得村民们自然形成发展经济的社会共识。而这种想法一旦成为村庄稳定的价值判断之后,村庄社会结构性力量便会形成发展经济的外在强制力。村民之间的讨论话题多半离不开发展经济,务工青年在逢年过节期间,也就以如何挣钱为主题,而不再是村庄内的事务。发展经济成为村庄的一种外在结构性力量,挣钱能力强的人被认为是成功者,而挣钱能力弱的人则被认为是没本事的人。村民的善良、友好、热情等特质,在挣钱面前显得微不足道。甚至,道德情操、身体健康等曾经的重要评价指标,也被富人的楼房、豪车所掩盖。很多人不会关注村庄哪位老太太的善良助人的行为,却会羡慕那些从城市里挣来大把钞票的人。这就是村民片面发展经济的后果。

在这种背景下,村民不可能去关注没有什么经济回报的体育活动。即使当前的经济收入已然完全解决生计问题了,但发展经济的竞赛依然在持续进行,村民盖房的攀比就是明显的例证。Y村、W村、L村、T村、X村的房子都无一例外在这些年得到极大的改善,村庄多半房屋改建为楼房,甚至在 W 村出现一些豪宅。尽管常年没人住,但盖房的热情依然高涨。可几乎没有人去关心村民的体育文化活动,即使是自己的老人和孩子的体育活动,也不关心。

村庄老人的经济观念是根深蒂固的,即使来到城市居住多年的老人也对发展经济持有坚定的观念。笔者采访了一位在河南省某城市居住近 10 年的郝大爷,他的回答颇具代表性。他说:"我是现在条件还不错,孩子们都很孝敬,不需要再去劳动。但就这,孩子们给的钱,也不舍得花,都存起来。如果孩子们经济条件不好,我也会去干活的。"郝大爷的这番话表明,村庄老人受到传统农业生活的深刻影响,加之没有退休金的保障,仅仅依靠子女的赡养金,还是会认为钱是非常重要的事情。反观很多城市悠闲自在的老人,跳跳舞、打打球、喝喝茶等生活行为,郝大爷对其中的道理非常清楚,但他不会去模仿,因为他不是真正意义上的城市人。

需要指出的是,城市有一些老人是不会花大量时间进行隔代抚养的,有些老人宁愿出钱雇保姆去照顾孙子,也不愿意亲自去照料。原因是,第一,他们自身照顾孩子的经历并不丰富;第二,他们有一定的经济储备,还有稳定的经济来源;第三,他们习惯于过悠闲自在的生活。由此可见,城市老人进行体育锻炼是由他们的自身情况所决定。而农村老人则持有厚重的家庭观念,绝大多数农村老人都会亲身进行隔代抚养。理由是,第一,他们有着丰富的育儿经验,因为他们大多有多个子女;第二,他们的行动逻辑面向家庭之内;第三,他们的经济收入非常有限,希望通过隔代抚养,来获得子女的良好赡养,这也是一种代际交换。

第三节　生活观念与体育态度

一、生命历程与体育行为缺失

生命历程对人的行为方式、价值观等影响很大,对体育行为方式的影响也是如此。^①很多农村老人的叙述中充满了儿时贫苦的记忆和生产劳动的艰辛，而这种生命历程决定着其一生的价值判断。即使到了当前较为稳定的生活状况时期，也难以很快改变他们的行为方式。他们顽固的态度背后映射了他们对生活的深刻理解。应该说，农村老人体育行为的缺失，不仅是因为对自身经济状况的担忧，也跟他们对体育行为的生命感悟有着直接关系。

经历过饥荒的老人，无疑会将温饱放在首位，而体育并不能解决温饱问题。在他们看来，体育是可有可无的。如果非得让他们认为体育锻炼对身体有好处的话，他们的体育认识也就局限于散散步、跑跑玩玩等。他们认为这已经足够了。在生活条件艰苦的年代里，争取生存资源、节省过日子的经历，让他们形成非常务实的行动逻辑，即所有行为都必须是有经济效果的，而且能够省钱。当然，在新社会环境下成长的年轻人是无法体会老人经历的，所以，现在很多年轻人根本不会过多考虑节省问题。事实上，所有的行动逻辑都是有依据的，都与生命历程和时代背景有着直接或者间接的关系。农村老人对经济观念的高度在乎和对体育观念的极度模糊，是与他们自身的生活经历密不可分的。

村民有着很强的经济理性，无论干什么事情，都会先算笔经济账。这种思想，无疑使得贫困村民能够在艰苦岁月中生存下来，然这种逻辑也限制了他们对世界的认识，对新事物的接受。在大半生时间围绕生存问题奋斗的老人心目中，发展经济一直是生活的主线，这种挣钱、省钱的逻辑伴随他们走过了几十年的岁月。首先，如果参与体育运动，就要浪费时间，而这些时间本来是可以用来挣钱的。其次，如果想要好好玩体育活动，就要增加运动装备，还要进行一定的消费，比如买运动鞋、运动服装等之类的物品等。这样一来，老人就

---

①　生命历程对青少年群体、中老年人年群体，对正常群体、特殊群体等各种人群都会产生影响。具体研究详见：王芹，齐书春，周曰智.生命历程视野下青少年体育健康素养研究[J].山东体育学院学报，2015,31(4)：96-101;潘跃林，贾玉科.普通学校特殊群体体育教育的连续性研究：基于"教育公平"与"生命历程"视阈[J].山东体育科技，2016,38(4)：70-74;张永军，铉令强，刘文娟.新农村建设中体育健康保障制度与中年人生命历程关系探讨[J].南京体育学院学报(社会科学版)，2010,24(4)：49-52.

会把体育运动当成了没事浪费钱的事情。

二、向后看的思维逻辑

在笔者对农村老人关于体育活动的采访中,老人常常跑题去回溯他们的过往历史,刚开始笔者还几次打断他们,将话题拉回来。后来笔者发现,即使拉回来了,等会儿又会讲到过去的事情了。笔者想干脆让他们放开讲吧,原因有两方面：第一,他们对体育活动的知识并不清楚,该讲的都讲了,再讲也没有东西了；第二,他们的历史故事有很多,有话可说。基于此,笔者就索性听听他们讲历史,兴许能够从历史中得到一些对当下生活态度的答案。

他们的英雄历史大多围绕如何渡过艰难岁月展开,大部分可以分为从小放牛,长大干农活,当生产队长的劳动历史,和从小忍饥挨饿,长大勤俭节约的成长经历。不少老人在讲述的过程中眼眶含着泪花,说明那段历史是让人刻骨铭心的。胡大庆叔叔带着笔者去调研,他非常清楚笔者的调查目的[①],但一旦讲述到历史故事时,他一定会满怀激情地参与进来。我们的调查目的就被遗忘得一干二净,这说明老人们有着共同的历史记忆。这段记忆也只有共同经历的他们才能彼此理解,而我们没有经历过,也就难以理解他们的心情。他们讲述历史经历时的激动神情,与讲述体育活动的感觉截然不同。笔者认为他们的精神世界是活在过去的,因为那段时间是他们人生中最为美好的。尽管那段时间是那样的艰苦,但那时候他们在村庄有社会地位,有话语权,有存在感。那时大家都很穷,虽然不能说那时是"比穷"的时代,但绝对不是"比富"的时代。[②] 从与老人的交谈中可以看出,他们还有着集体主义的观念,不然裴向前老人是不会义务帮助村庄喂鱼的。裴向前大爷似乎也明白这种做法并非能够得到子女们的认同,但他通过喂鱼似乎在回味着曾经有过的辉煌。简言

---

① 调查目的是,了解农村体育,而不是听他们讲历史故事。

② 在今天的商业社会里,成功的标志往往是财富的多少。这与那时大家艰苦奋斗的岁月是不同的,价值观也是不同的。

之,农村老人的思维是向后看的。向后看,他们能感知到自我的存在价值感很高。

老人们总说一句话,现在人心变坏了。起初,笔者并未注意,也不太理解,直到看到裴向前老人义务喂鱼的事情后才明白,原来过去人是可以做事情不讲回报的。这种情况在 W 村中也得到印证。村组长的老伴负责打扫村中卫生,但刚开始打扫的时候,没有人讲过报酬,而老太太却毅然地去扫地。后来,乡里觉得这事不妥,就象征性地一个月给两百块钱。这些钱真是少得可怜,但村组长和老太太却非常满足,他们告诉笔者道:"本来也没有打算要钱的,给了那更高兴,反正在家坐着也是坐着,出来扫扫地,挺好,当锻炼身体了。"这就是那代人的价值观,如果是年轻人可能只会说他们很傻,当然也会说他们老了,没本事挣钱了。这就是代与代之间的价值观冲突。老人说现代人心坏了,就是说现代人没有了奉献精神,太过自私自利,什么事情都是讲钱。

三、对体育的社会偏见

调查显示,没有体育活动习惯的村民,会笑话参与体育的人,形成社会偏见。换言之,在农村中,不参与体育活动是正常行为,而参与体育活动却是偏常行为,会受到别人笑话。但这都是一种可以扭转的陈旧观念。农村广场舞的发展就经历了从被嘲笑到被喜欢的过程,这就是一个体育观念转变的过程,需要有人调动和组织。一旦体育行为被大家接受,体育行为就成为正常行为,而当体育群体足够大的时候,不参与体育活动的行为,就成了社会偏常行为。[①]体育偏常行为转变为正常行为,首先要有村庄领导或者村庄能人组织调动,然后参与者从中获得好处,最后参与者体育观念就会转变。

---

① 这就是标签理论在体育人群的表现,即哪种群体的人数多,哪种群体的行为就被称为正常行为,反之,就是偏常行为。标签理论详见:吕勇.简评标签理论[J].心理学探新,1992(2):18-21;潘泽泉.社会分类与群体符号边界:以农民工社会分类问题为例[J].社会,2007(4):48-67+206;高春凤.标签理论视角下流动人口融入城市问题研究[J].农业考古,2011(6):234-237.

　　社会偏见是社会对某些行为的一种歧视，认为这种行为不属于这一社会中的主要行为类型。在安徽的Y村调查中发现，村庄基本上没有什么体育活动，但这并不意味着村民老人一点体育常识都没有，在现代媒体如此发达的社会中，村民老人不可能一点不了解体育。事实上，村庄有极少量老人也了解一些体育活动。调查得知，他们也有一定程度的意愿去锻炼，但为什么大部分老人不去锻炼呢？范玲秀的话回答了这个问题，她说："农村没这个习惯嘛，你去弄，不好意思，这场子没人干，你去干，怕人家笑话。"也就是说，在长期没有体育文化氛围的Y村中，村民也就没有体育行为，时间长了，村庄结构就固化为无体育的社会。这样，村庄的体育行为就成为一种偏常行为，这种偏常行为就会受到人们的嘲笑。正如文肇庆所说："怕别人笑话，不好意思去玩体育嘛。"由此可见，并不是说所有老人都完全没有体育活动的动机，而是村庄没有人参与体育活动时，谁去参与体育活动，谁就会受到讥笑。这种情况在肖海婷等对广东河源的农村老人体育行为研究中也指出过。[①]

　　从广场舞观众中就可以看出，有不少人是有运动意愿的，只是他们不知道如何运动，也不好意思运动罢了。例如，有少量男性希望跳广场舞，可农村的偏见导致大部分男性不好意思加入这项看起来只适合女性的运动。这就是偏见，这就是体育行为的社会偏见。这种偏见是社会建构的，更在体育运动中得到强化。为什么城市就有少量男性加入到广场舞运动中呢？是因为城市的开放程度较高，男性跳广场舞不会受到太大的社会偏见，而农村的保守性让男性很难打破社会偏见的壁垒。

　　事实上，尽管这种偏见有着很强的社会结构根源，但从村庄少量老人具有的体育意愿来看，村庄体育发展是可行的，只要有人帮他们扭转思想，相信他们会逐渐接受体育活动的。因为当前整个社会结构毕竟不再是传统保守的社会，而是开放的现代社会。村庄老人之所以仍然坚守偏见，是由于缺乏组织者

---

　　① 肖海婷等.广东省河源市坡头镇农村留守老人体育锻炼的比较研究[J].惠州学院学报(自然科学版),2015(3):106.

将其调动起来,缺乏将"那层窗户纸捅破"的人。与 Y 村相邻的 W 村广场舞的发展,不也是经历了村庄妇女从偏见到喜欢的过程吗? W 村的事实证明,Y 村体育活动也是可以发展起来的。特别需要指出的是,T 村广场舞发展中还吸引了多位男性加入到队伍中,这都说明农村对体育的社会偏见在松动。

对于长期不接触体育的农村老人来说,新的文化活动出现,无疑让他们惊讶,即文化震惊。[①] 所谓文化震惊是指,人们面对异文化时感到的某种惊讶和不适。显然,体育文化进入农村时,老人的态度无论是冷漠的,还是拒绝的,抑或是嘲讽的,对他们来说,都是一种文化震惊。然而,只要这种文化有其合理性,就能够逐渐被新的人群所接纳。体育作为一种世界语言,任何民族和群体都是可以接受的,只要适合这个群体即可。

调查得知,锻炼者认为通过锻炼身体,可以让身体感受到舒服,而非锻炼者则并不认同这种观点。锻炼者认为通过一段时间的锻炼就可以养成习惯,不去锻炼就会感到身体难受,而非锻炼者则认为休息就是最为舒服的。事实上,劳动是带有压力的事情,心理上并不愉悦。非锻炼者有一种顽固的拒绝体育的观点,而锻炼者唐叔叔却对非锻炼者老人[②]说:"你要向年轻人看,而不能总是向老年人看。"长期封闭的自然村落,一直以来没有体育文化的传统,在传统社会代际关系中,一般是下代向上代学习,而在文化反哺的今天,上代人需要向下代人学习。年轻人掌握着最新的技术和价值观,他们是社会发展的未来,老人要想适应社会发展,就必须接受新的行为方式,例如当前电子支付的方式已经成为很多年轻人主要支付方式,许多商家都通过电子方式进行交易,老人也得跟得上潮流,才能享受社会的一些便利,否则就无法适应现代社会。这位锻炼者唐叔叔的形为也许跟他有正式工作有关,或许跟他的思想开放有关,总之,他能够接受现代社会的新理念,能够较为准确地判断体育的价值和

---

① 关于文化震惊的研究详见,吴松初."文化震惊"与中西自我价值观取向差异[J].广东民族学院学报(社会科学版),1994(3):91-94.徐义强.话说文化[J].华夏文化,2007(2):8.

② 笔者在 Y 村进行了一次多人采访,或者称为座谈会,其中就有锻炼者对非锻炼者进行劝说。

意义,也因此获得了体育锻炼的快乐。然而胡大庆叔叔则坚守传统老人的行为方式,他坚持认为:"休息就是最舒服的,锻炼没什么意思。"

四、身体吃亏论: 陈旧观念阻碍体育发展

从社会学的视角看,现代性是指凸显个体能动性的状况,也就是说,个体在不违反法律的前提下,他有权利去做他自己喜欢的事情,而不再受到诸多传统落后思想的束缚。西方现代性是针对摆脱宗教束缚而提出的概念,意在凸显人类自身的力量,通过人类自身力量去改造世界。① 现代性思想主要表现在个体打破封建思想陈规陋习、解放思想的过程。

新中国成立之后,我们的奋斗目标就是实现现代化。同时,现代化也是一个解放思想的过程,但农村旧有的几千年的传统思想,非一日之功可改变。尤其是那些常年居住在农村的老人,传统思想更是根深蒂固。我们不是说传统思想都是有问题的,而是说有些落后思想是需要转变的。因为这些落后思想严重地制约着人们的进步,阻碍着人们对很多新事物的接受。例如对现代体育运动的拒绝,就是典型的例证。通过分析老人行为和村庄社会结构发现,老人行为的顽固性是由于他们陈旧思想在作怪。他们的现代化程度较低,他们根本没有真正成为自己的主人,还是被传统那套封闭的社会思想所制约。

村庄老人的行动方式更趋向于传统,即他们的行动逻辑遵守前辈的陈规。也就是说,前辈做什么,他们就做什么,至于为什么要这样做,他们是不会质疑的,这就是传统行动。而在现代人看来,个体要根据自身需要来选择自我行动,自身对传统行动具有质疑精神。

随着改革开放的持续推进,当前村庄的很多年轻人行动方式的现代化程度已然很高。因为他们在城市时间较长,接受了很多新鲜事物,慢慢学会了靠自己的理性来判断是非。尽管老人仍然坚守着传统理念,但村庄的社会文化

---

① 乔超.超验抑或经验:传统武术文化现代转向的社会学研究[J].体育文化导刊,2017(5):85-89.

已经发生很大变化。村民理性化已经是现代化的表现,所以,村庄结构转变已经是不争的事实。因而在村庄的这种结构背景下,说服老人改变行动模式,已经不再是不可完成的任务,而关键是,是否有政策真正支持农村老人体育活动的发展。

调查得知,在农村老人观念中,有一种将体育运动等同劳动的观点。很多被访者都谈到体育活动就是劳动,或者说,轻微体力劳动就是体育活动。由此会引发出另外一个问题,即老人年轻时体力透支会导致年老时拒绝体育活动。关于这个问题,不少被访老年人表达了相似的观点。他们说:"年轻时,身体吃亏了,干了很多体力活。现在老了,不想动了。"这里面就牵涉到体育活动与生产生活劳动之间的关系问题。不少村民认为体育活动等同生产生活劳动,因为从表面上看,两者都是身体的直接参与,都需要有体力的付出、肌肉的负重。与体育活动一样,在劳动中力量素质、耐力素质等似乎都能得到锻炼。毋庸置疑,常年劳作的村民力量素质还是有的,不然 100 多斤的麻袋是无法扛起的。村民的耐力也是很强的,只要看看他们起早贪黑地干农活就一清二楚了。而且,村民的耐受力也是不用怀疑的,只要看看他们顶着大太阳在田间劳作,也就非常清楚了。

然而,劳作与体育一个至关重要的区别是,劳作是被动的,而体育活动是主动的。劳作的目的是治理好庄稼地,收拾好家庭,而不是锻炼身体,所以,在劳作的过程中,不会顾及身体的全面发展以及身体各部位的承受能力。在庄稼抢收抢种的时候,劳动者往往是要过度进行体力活动,透支身体是常见现象。如此一来,劳作就不是在锻炼身体,而是在某种程度上伤害身体。相反,体育活动的目的,是锻炼身体本身。另外,体育活动能够带来身心的愉悦,而生产生活劳动大多难以带来这种愉悦。试想,起早贪黑、顶着大太阳的被迫式劳动,如何能够获得快乐?当然,体育活动中那种苦行活动似乎与上述行为相似,但体育苦行的前提是,运动者的主动选择。正如马拉松长跑一样,旁人以为是一件有些自虐的行为,但参与者却并不这样认为,因为那是他们自己的主动行为,是在提高身体素质和锻炼毅力。

当前,随着农业机械化的推进,村民劳作活动量大大降低,劳动时间也大大缩短。然而,他们的体育观念却依然常常与劳作联系在一起。不少被访老年人认为,去田间少干些农活,或者干些轻体力活,就是锻炼身体。他们常说:"去场子转转、看看,不就是锻炼吗?"村民不但将轻度体育劳动等同体育活动,而且也常常将到处走走,当成体育活动。看来,这与农村社会结构有着直接的关系。农村人口少,空间大,老人在村里、田间到处走走,确实能够起到休闲锻炼的效果,这个问题毋庸置疑。然而,按照现代体育论的观点,这种活动仍然缺乏锻炼针对性,也无法真正焕发体育的魅力。

村庄不少老人认同身体吃亏论的观点,强烈认为干重体力劳动的农民,身体是吃亏的。他们老了,只希望休息,而不希望再从事耗费体力的体育活动。但对此观点,见过世面的胡国庆大爷却并不完全认同。他说:"我在杭州我儿子那里,就玩玩体育器材嘛,身体以前吃过亏,现在又不吃亏了,没事,就玩玩嘛,反正没事,可对?"看来,村民在封闭的农村社会中,对身体吃亏的观念非常认同;而同样是干过重体力活的胡国庆大爷在接受到外界体育文化之后,他的观点是有改变的。另外,健走爱好者唐叔叔居住在镇上,他虽然理解村民老人的身体吃亏论,但他并不赞同这种观点。他说:"很多体育活动,就是一个习惯,只要坚持走了一个月,也就习惯了。就是身体过去吃过亏,老人也不能一直不动嘛。少动动不就行了嘛,关键得有健身观念。"从上述两位老人的回答中不难看出,身体吃亏论虽然看起来有一定的道理,也被很多村民老人坚持,但事实上,这种理论是站不住脚的。村庄老人之所以秉持这种观点,还是与他们对体育文化的认识匮乏有着重要的关系,因而只有向农村输入体育文化,才能改变村庄老人的体育文化观念。

一辈子的农业生产劳动给身体打下了深刻的印记,体力付出成为老人一辈子挥之不去的记忆,只要谁说再让付出体力,都不会被村庄老人所认可。劳心者治人、劳力者治于人的传统思维,更贬低了体力劳动的价值。即使外出务工的经历也充斥着体力劳动的痕迹,体力劳动已然成为他们非常抗拒的内容,所以,就出现了身体吃亏论的观念。同时,一辈子的农业体力劳动也建构了村庄老人体力劳动的生活方式,所以,即使在当前村庄老人的生活里,也没有完全摆脱体力劳动的束缚。尽管这种束缚已经不再是一种必须,但调查发现,几乎所有村庄老人都不肯放弃种植庄稼或者蔬菜①。这就是生活方式带给村庄老人的行动逻辑,换言之,就是老人一辈子习惯于种地了,种地已经融入他们的生活方式,即使不用种地,家里依然放着很多农用品和生产工具。从文化的角度看,对村庄老人来说,他们是农业文化的坚守者和实践者。这样说,也是有道理的。他们被农业文化熏陶了一辈子,老了以后,他们把庄稼地承包出去了,也有了一定的家庭收入,按理说,他们可以不用继续从事农业生产了,但为什么他们还是要坚守呢?答案是,这就是文化,是他们一辈子实践的文化,这种文化已经深入他们的生活方式中去了,不是那么容易就被改变的。相反,体育活动在其一生中很少出现过,也就没有成为他们的生活方式。想要接受体育活动,不是不可能,而是需要一定的时间和一定的外在驱动力。

村庄老人既秉持"劳心者治人,劳力者治于人"的价值观,即对体力劳动价值的否定;同时,又习惯性地做着体力劳动。他们既不喜欢体力劳动的付出,又不停地干着体力活。这种看似矛盾的行动逻辑背后折射了他们对农业生产生活的无奈,即他们只能这样干体力劳动。然而,事实果真如他们所说那样矛盾吗?笔者通过调查研究认为,他们的矛盾观念可以理解,但不是不可以改变。根源还是农村社会保障制度的不健全,以及体育文化对农村社会的输入不充分。

这种矛盾的劳动体力观在李国庆大爷身上表现得非常明显。李国庆大爷说:"我们这个场子不行,我是想锻炼,锻炼是好事嘛,但没有场地跑,我也没有时间跑,早上起来去菜地弄弄,弄弄吃的,就没有时间了。"笔者问:"那要是村

---

① Y村、W村的大部分家庭稻田已经承包出去,自家保留一些菜地。L村、X村和T村的情况是,有些家庭承包出去庄稼地,有些家庭自行种植。

里健身广场修好了,您会去吗?"李国庆大爷回答道:"我不去,我没时间去,身体吃亏了,不行。"李国庆大爷有时间、有体力去地里种菜,却没有时间去锻炼,同时又认为锻炼是好事,但身体不行了。这就是矛盾的体力观,是农业社会文化对李国庆大爷行为方式的深刻影响,这种影响让他已经内化了农业体力劳动的正当性,却并不认同体育锻炼体力付出的合理性。事实上,种菜的确减轻了一定的经济负担,但从生活长远成本计算的话,如果锻炼身体,减少了疾病,不是一样可以降低生活开支吗? 但生活方式的惯性只让他认识到劳动体力付出的价值,却不认可体育体力付出的效果。可见,文化影响、生活方式、生活观念是何等重要。

第四节　村庄社会结构与体育行为

一、农村体育是社会问题

村庄体育文化的淡漠,看似是体育领域存在的问题,但如果深入分析我们会发现,事实上是社会结构所造成的问题。长期的城乡二元结构的差异,导致农村资源极度匮乏①,资源大多集中在城市。所以,农村大部分青壮年要到城市去务工挣钱,导致农村本有的文化系统出现很大问题。

相较城市务工收入,农业收入水平相当低,所以,村民会放弃务农而去务工,这是村民的理性选择。由于农村经济系统的弱势,村庄大量人口的外流,导致村庄社会结构发生转变,村庄舆论逐渐式微,村庄习俗逐渐衰落。村庄所有变化的结果就是,村民文化日渐凋敝。不要说村庄以前就没有体育活动;就算有那么一些体育活动,也会因为村庄人口的稀少,而难以有所发展。

---

① 当然中国农村类型很多,有临近发达城市的郊区农村,有城中村,当然还有纯农业型农村。郊区农村和城中村的经济水平还是比较高的,而纯农业型农村的经济水平却是非常低的。笔者调查的村庄就属于纯农业型农村。

从已经调查到的两个精神文明示范村来看,体育文化建设是依附于新农村建设而兴起的,而不是村庄要单独发展体育文化。换言之,体育文化建设是搭了精神文明示范村建设的便车。但就目前精神文明示范村的体育活动开展情况来看,还是远远不够的。村庄仅仅广场舞活动有所开展,其他健身体育活动依然不尽如人意。而问题的关键依然是,村庄外流人群并没有回归村庄,体育文化建设缺少人口基础。当然,村民之所以没有回流村庄,还是因为村庄的经济结构暂时还不足以吸引他们回家发展。因此,体育领域的问题就不仅仅是体育本身建设的问题,更是村庄经济结构、社会结构的问题。因此,要想发展农村体育文化,根本上还是要解决村庄经济的发展。

退一步讲,即使村庄没有经济资源,但只要临近村庄的乡镇、县城、城市具有发展经济的资源,同时,再加强村庄环境建设,让村民在临近村庄的乡镇、县城、城市务工,在农村居住,这样也可以促进村庄的体育文化发展。

二、社会表演功能微弱

从根本上说,体育活动是为了锻炼身体,使得身体越来越健康,但体育活动的社会属性也是非常明显的。大多数群体性体育活动都带有很强的社会表演性,[1]即活动者可以在观众前进行表演,展示其能力、身材、魅力等,因为这些展示或多或少会得到观众的喝彩。甚至体育专业中还有体育表演专业,竭力表现体育的魅力。[2] 事实上,体育竞赛也有着强烈的社会表演。[3] 然而,就当前人口稀少的农村社会而言,单个人的体育活动很少能够找到观众。即使有那么几个观众,也无法激起体育活动者的激情,况且这些为数不多的观众未必能够理解体育活动的价值和魅力。也就是说,这种社会环境无法充分实现体

---

① 乔冉.体育与戏剧的边界：与社会表演学家孙惠柱教授的对话[J].体育科研,2017,38(5)：39-44.

② 唐凯.体育艺术表演社会实践能力的培养与评价研究[J].运动,2015(5)：95-96.

③ 侯晋龙.竞赛表演业发展的社会背景分析[J].浙江体育科学,2005(1)：37-39.

育活动的社会表演功能；反观人口密集的城市体育活动，活动者在任何地方锻炼，都存在大量的观众，这些观众的关注激励着活动者充分进行表演。正如当前很多活动者，不但向现场观众进行表演，而且还要通过社交软件展示给人们。可见，活动者的社会表演性有多高。事实上，社会表演的目的是获得社会认同，即通过观众的评价来肯定自我，进一步肯定活动者进行体育锻炼的价值，从而实现自我认同。用现在的网络语言就是"刷存在感"。城市人的休闲娱乐方式很多，体育活动者也可以将体育作为一种生活方式，来展示给他人。表现其健康理念，表现其身材，表演其技能，表现其生活毅力，这在长跑爱好者身上表现得尤为突出。

如果我们仔细研究微信朋友圈的话就会发现，很多人喜欢晒运动计划和运动成果，目的是让大家进行监督，也是炫耀其运动成果。这就是体育活动的社会表演性，而好友的点赞和鼓励，都将成为促进他们继续努力的动力。

社会表演是与社会评价、社会关注联系在一起的，有了社会表演就会产生社会关注，有了社会关注就会产生社会评价，而社会评价的反馈机制给表演者注入了动力，促使表演者做出更为精彩的表演。正如高水平运动员在参加比赛时，运动员会现场煽动观众情绪，一样而观众情绪就是社会关注的一部分，这时候就该运动员进行表演了。社会关注刺激着表演者竭尽全力进行表演，进而获得个人最好成绩，而表演者的精彩演出和最后获得的最好成绩，又得到观众的良好评价。很多明星运动员非常调动现场观众的气氛，就是为了引起观众的社会关注。例如，看似最为单调的田径世界大赛中，那些跳高、跳远运动员在启动前，要先向现场观众挥舞手臂，这时观众就会随着他的挥舞而一起有节奏地呐喊，随着激情的呐喊声，运动员向前猛烈冲击，将观众带入狂欢之中。这就是体育运动者的社会表演。

体育活动者的表演不但有技能的表演，还包括服装、头型、行为。例如有些女运动员会穿上性感漂亮的服装，引起观众的关注；有些运动员会打扮出个性的发型引起大家的注意，例如篮球明星罗德曼、足球明星贝克汉姆等；有些运动员的某些行为极为另类,等等,都是体育运动表演的某种延伸。

村庄广场舞者之所以不断要到大广场去跳舞,就是为了获得更多的观众,实现更大范围的社会表演。某种程度上说,运动能力越强的人,社会表演欲望越强。L村广场舞教授者、发动者赵连紫阿姨就是如此。她说:"现在都不想在村里跳舞,觉得没气氛。"所谓没气氛,就是指无法获得更多的社会关注,因为社会关注是社会表演的基础。有了社会关注,社会表演才会获得社会反馈。水平越高的人越需要得到社会更为广泛的认可,而不满足于本村少量人群的关注和评价。这种行动逻辑就是现代体育运动促进村民转变成现代人的表现,即发展具有自我个性、展示自我、体现自我价值、实现个体能动性的愿望。

一般情况下,大多数体育活动者会随着运动参与时间的延长,逐渐改善运动装备,增加运动服装和运动鞋,这些装备一方面是为了更好地发挥运动水平,另一方面这些装备本身也是社会表演的组成部分。在运动群体中,大家会比较所使用的装备和穿戴的服装,例如刚开始打羽毛球的爱好者,用几十元钱的球拍就满足了。但随着水平的提高和对羽毛球认识的提升,尤其受羽毛球运动群体文化的影响,为了展示自我就会增加更高级的装备,例如会购买上千元的球拍,这些都是体育运动者社会表演的一部分。然而,这些装备对于没有太多体育常识的村民来说,根本引起不了他们的注意,因此,活动者的社会表演就会失败。所以,不要说村庄体育活动者很少,即使有那么几个假期从大学回到家乡的大学生参与体育活动,也会因为村民整体上对体育认识的缺乏,而得不到村民的正确社会评价,使得他们获得不了掌声和喝彩,无法实现社会表演;也就不再继续进行体育锻炼了。

如果大学生说,他买了一只球拍花掉上千元,花费几百元买了一双运动鞋,很可能不但得不到家人的支持,反而会受到家人的批评,受到村民的嘲笑。所有这些都是村民对体育知识欠缺所造成的。村庄体育文化的淡漠,会降低体育参与者的表演激情。因为他们得不到社会认同,也就无法实现自我认同。

有些外出务工者在城市也会参与一些体育活动,但一回到家之后,便不再继续运动了。其中就有社会表演认同微弱的原因,用他们的话就是,"在农村老家,体育锻炼没有气氛"。而这个气氛就是社会表演所需要的观众,以及与观众共同营造的互动感觉。

三、社会竞争功能微弱

在城市社会中,体育的竞技性得到充分展现,很多带有竞技性的体育活动得到人们的青睐,甚至那些历史上曾经并不主要用来竞技的体育项目当前也要进行竞技,例如太极拳、五禽戏、八段锦等。过去这些项目仅仅是自我修为项目,不是为了竞技,但在今天体育竞技精神高涨的时代,也都参与到竞技中来。传统武术为了适应竞技,也进行了大幅度改造,应运而生出竞技武术。尽管人们指责竞技武术的种种问题,但被改造过的武术也可以用来同台竞技了。竞技体育在城市中的高涨,实际上是与城市社会的高度社会竞争理念有一定的内在关联。在资源集中的城市社会中,人们展开了激烈的竞争,每个人都希望获得城市中更多的资源、更好的资源,于是社会竞争精神异常高涨。因此,体育的竞争属性得到城市人们的高度认可,也就符合逻辑了。①

反观当前人口稀少,由老、弱、病、残、幼群体组成的农村社会,村内资源非常稀少,村民也不是有能力的竞争者,所以,当前农村竞争精神低落。② 在这种社会结构中,如何建构具有竞争性的体育活动呢?

从根本上说,所有的活动都无法离开人的存在,当前农村大量人口向外流动,导致村庄仅仅成为青壮年春节时的休息场所。而过年时,大家的主要精力又放在了喝酒、打牌、相互炫耀的活动上,根本没有过多精力和时间用来参与体育活动。

---

① 乔超.竞技体育:社会竞争逻辑的折射与延伸[J].体育科技文献通报,2014,22(8):21+69.
② 当然,村民盖房竞争依然高涨,但那都是外出务工者的行为,与村中老人关系不大。

社会竞争精神与社会环境有着极为密切的关系。① 首先,社会竞争是争夺资源的过程,所以,有了资源才能激发竞争精神,没有资源也就没有了竞争精神。其次,在某种程度上,社会竞争与人口数量也有重要的关系。人口众多的地方就会促进竞争精神,而人口稀少的地方就很难激发竞争精神。在资源与人口两个变量同时缺乏的当前农村社会中,社会竞争就更为淡漠了。而社会竞争精神与体育运动的内在竞争精神是有一定关联的,所以,当前农村体育文化的贫瘠与村庄社会竞争的微弱,具有一定的相关关系。

同样是老年人,城市的老年人在体育活动中仍然具有一定的竞争精神。健走队伍中那些老人走起路来雄赳赳气昂昂,他们能够围绕操场走几十圈,没有一个老人会脱离队伍。虽然他们并不进行比赛,但紧跟队伍也是具有竞争之心的,否则早就不走了。其实,健走者组成队伍就隐含着迫使大家坚持能够多走的目的,在走的过程中谁也不愿意掉队,这就是一种竞争。否则,就不会组建队伍,而去自己行走了。还有那些打乒乓球的老人,也是为了赢一个球,不惜使出浑身力量。甚至,还有白发老人与年轻人进行篮球对抗的情况。笔者就曾经与老人打过篮球,他们的拼抢能力和精神一点不比年轻人差。这就是城市老人对体育竞技的态度,显然与他们在城市社会的竞争大环境有关。激烈的体育竞技当然会造成损伤,甚至还会发生危险,但适度竞技可以激发人的激情,建构个体的自信心和对生活的美好憧憬。②

四、人口结构影响体育发展

笔者在 Y 村最为直观的感受就是,村庄异常冷清,尤其是晚上,寂静得令人打寒战。一天晚上,师弟带领笔者去感受 Y 村晚上的生活状况。我们穿行在村庄内和乡间小路上,茂盛的树木在寂静的晚上,令人恐怖。甚至有村民老

---

① 程志理.社会竞争意识:体育与时代的契合点——九十年代体育思考之五[J].天津体育学院学报,1991(2):66-69.

② 焦宇锋.社会竞争与体育运动[J].体育与科学,1993(5):11-13.

人大白天在村与村之间的小路上被打劫，居然也没破案。这种在家门口被打劫的事件在过去熟人社会里，是绝对不可能出现的。而当笔者和师弟亲自走一番乡间小道时，突然对打劫事件深信不疑。我们正在走着，一条狗跟随上来，不禁让笔者感到非常害怕。笔者害怕被咬了之后，没有人会承认他是狗的主人。这次夜间的实地考察，让笔者深刻地感受到村庄的所有事业都无法离开人气。因为村庄人口不断外流，导致村庄建设无法顺利开展。可喜的是，就在笔者采访结束之后不久，听说 Y 村正在拓宽村内道路。笔者听到之后非常开心，但又忧心忡忡，因为笔者不知道这是否会吸引村民回归村庄之内。当我们生活在拥挤的大城市，整天为挤公交、挤地铁、挤饭堂、群租房而懊恼时，我们却忘记了家乡空旷的道路、冷清的庭院等。因此，这不得不说是城乡发展极为不平衡导致的结果。

笔者来自河南的农村，儿时记忆里的农村是热闹非凡的景象，Y 村当年也是如此。可在六年前，笔者调查村庄家庭关系时就已经发现村庄的冷清，而这次时隔六年后的 2016 年调查发现，村庄更加冷清。曾经的调查对象老人，有些已经不在人世。而就在笔者这次调查期间，有一位和老伴住在茅草屋的老人正处在奄奄一息的生命垂危阶段，笔者默默祈祷他能够好转，然而，上帝还是将他带走了。那晚，笔者听着老婆婆微弱的哭泣声失眠了，笔者说不清那是害怕，还是怜悯。总觉得这个村庄有着一种让人难以释怀的感情。在青壮年，甚至低龄老人常年务工的村庄内，我们似乎很难感受到村庄的活力，所以，建构村庄的体育文化生活似乎成为一件奢侈的事情。但越是冷清的村庄，难道不越应该建构热闹的气氛吗？说到底，城乡资源的差异导致了村民的大量外出，那么政策是否应该向村庄倾斜了？笔者认为，当前随着城市化规模的急剧加速，城市的环境空间已经到了临界点，应该是社会资源向农村调配的时候了。如果真能将资源向村庄之内调配，相信村庄会重新焕发出昔日的热闹景象。到时候，无论发展什么体育项目，都有了人气基础作为支撑。

当然，村庄的冷清并不是说村庄没有任何发展，相反，村庄每年都有新的楼房落成。村内道路也基本上修建成柏油路,村庄之间也都实现了村村通公路,村民家庭内也大多有了冰箱、洗衣机、彩电,甚至很多家庭都安装了空调①,大多村民也都有了手机。总之,相比六年前,村民生活条件得到很大改善,这是让我们感到欣慰的地方。然而,村民的家庭冷清状况却是越发严重,老人独居情况屡见不鲜。笔者多次问道,独居老人不担心自身的安全问题吗?可很多老人宽慰笔者道:"没关系,我们有电话,只要有事一打电话,孩子们就回来了。"但果真突发疾病时,能及时赶上吗?这是不需要回答的问题。即使能够及时处理安全问题,那老人的精神寂寞问题也很难解决。六年前,几个被访者老太太曾经哭着接受笔者采访,那时的情景依然留在笔者心中,但这次由于调查主题较为轻松,所以,没有出现老人向笔者哭诉的情况。但这并不意味着他们的精神生活已然良好。

农村人口越来越少,平时大多数村民在外地务工,所以,体育活动的社会表演功能、社会比较功能就无法像在城市那样体现出来。而且,农村体育文化的缺失,一直是一个重要问题。曾经的那些类似民俗类的体育活动,也因为村民向外流动而逐渐弱化,甚至消失,比如那些出现在节庆时的拔河、扭秧歌、舞龙舞狮等。从根本上说,当前体育文化的缺失与村落人口稀少有很大关系,连人都没有,还能出现什么体育活动呢?

人是群居动物,社会性是人的本性。村庄的吸引力越低,人们就越不想待在村庄,这就会形成一个恶性循环。外出务工是客观存在的,村内当前主要是老人、妇女和儿童。但近年来,随着内地企业的发展,不少村民可以就近务工。但村内青年人结婚的第一条件便是,要在县城买房子,他们要在县城生活。这说明村内的生活非常无聊。我们已经认识到村内生活的无聊,所以很多人宁愿蜗居在城市,也不愿意住自家的"别墅"。基于此,新农村建设务必要发展体育文化活动,设法吸引村民向村内流动。当村民向内流动后,人气聚集,则体

---

① 农村家庭大多安装了空调,但使用上还是非常节省。

育活动更有人口基础。这可以逐渐让无聊的村庄转变成生机勃勃的村庄。

如果那些就近务工的村民能够居住在村内，不但能够促进村庄文化建设、村庄体育建设，而且反过来可以缓解城市的人口居住压力，构建和谐的城乡关系。当前，这种向城市一边倒的流动、居住模式，使得城市压力越来越大，而村庄的空心状况越发严重。这样会带来相当多的社会问题，城市问题日渐增多，农村老人赡养问题日渐严重，留守儿童教育问题日渐突出。这些问题都将影响着整个社会的发展。村民的居住流动是牵一发而动全身的行为，所以，笔者以为当前是加大力度建设农村精神文化生活的时候了。

本章小结

本章围绕制约农村体育发展的因素侧重分析了五个方面：第一，村庄体育文化较为贫瘠，村民没有锻炼的习惯。第二，个体经济条件与体育参与有很大关系，经济条件的改善有助于促进体育参与。第三，个体生命历程与体育参与有关系，农村老人的生命历程中没有体育经历，所以，老人参与体育的热情不高。第四，农村社会结构对村民体育参与有很大影响，主要表现在村庄吸引力低，体育锻炼文化没有建立，村庄体育锻炼的社会表演功能难以实现，村庄社会竞争精神不足导致竞技体育精神微弱。第五，陈旧观念阻碍村民的体育参与，村庄无聊的生活状况不利于体育活动的开展。

第六章 发展农村体育活动

本章将主要围绕三个方面展开论述：第一,发展农村体育的价值是什么？第二,为什么当前是推进农村体育发展的好时机？第三,发展农村体育,到底应该怎么做？具体表现为如下几个问题：场地器材如何设置？体育项目如何推进？如何指导农村体育活动？体育活动如何维持？

第一节　发展农村体育活动的价值

一、改变村民的行动逻辑

据调查显示,安徽、河南两地的妇女在跳过几年广场舞之后,除了感觉到身心得到改善、获得很多快乐之外,其实她们的行动逻辑也在发生转变。具体而言,她们有了明确的行为目标,她们会为了学习广场舞,而跑到其他村庄学习。也会为了学习新动作,而不惜牺牲休息时间。甚至会为学习广场舞,不惜与老公发生冲突。这些事实都表明,她们开始有了自己的生活目标。不像以前过着那种无所事事、到处串门、讲闲话的生活,现在她们为了广场舞,有了生活的目标。换言之,妇女们学会了为自己活着。曾经农村妇女在家庭生活中,是为长辈、子女、丈夫活着。然而,在今天凸显个体能动性的时代里,农村妇女接触到广场舞之后,开始学会为自己活着。她们有了自我观念之后,就逐渐不再惧怕周围人的眼光,就敢于在公众场合展现本属于自己的身体,对那些带有性感特征的扭臀动作①也就不再畏惧了。

跳过广场舞之后，她们对生活态度更积极了，这反映出了她们对生活的主动性。过去，妇女要接受三纲五常，中华人民共和国成立后，虽然国家意识形态扫除三纲五常的落后思想，三纲五常思想已经没有过去那么明显，但男人主宰家庭的事实却依然没有完全改变，妇女的大部分话语权并没有真正完全获得。而广场舞不仅是身体的活动，更是彰显妇女自己做主的行动，因为在是否能够参与跳舞的事情上，她们中的大部分人都是与其丈夫经历过抗争的。而广场舞的这种快节奏、凸显个性的身体文化，又进一步促进着女性自我能动性的发展。广场舞会得到那么多妇女的青睐，这背后是有深刻原因的。总之，跳广场舞改变了她们的行动逻辑。而行动逻辑的转变已经远远超出广场舞动作本身的意义了。

她们个体主动性的发展与广场舞群体有着很大关系。跳舞者在群体中受到潜移默化的影响，从而发展出个体目标。实际上就是群体目标转化为个体目标的过程，即广场舞群体对跳舞者的技术、服装、气质等各方面都有要求。对于跳舞者来说，群体目标与个体目标是一致的，因为她们是由一群喜欢跳舞的人自发形成的群体②，她们有着共同的健身娱乐目标，所以，她们就会服从广场舞群体的集体目标。大家为了能够维护群体的稳定性，就会自觉遵守群体目标，在此过程中，逐渐发展出个体的自律性。任何一个群体一旦形成稳定的群体之后，必然就会有着较为稳定的群体要求，就会有着较为严格的规则要求，跳舞者在群体中逐渐形成具有能动性和自律性的现代人，这是广场舞活动更为积极的社会学意义。所以说，现代体育运动表面上是一种身体活动，但其背后却是有着一套结构性制约的内容。现代体育是现代社会的产物，是现代

---

① 庞英.广场舞锻炼对农村妇女身体自尊与主观幸福感的影响[D].成都：四川师范大学,2017.

② 虽然W村和L村的广场舞是在乡里和村里的号召下开展，由妇女主任和村庄积极分子组织调动起来的，但随着广场舞被大家接受和喜爱，广场舞活动就逐渐具有了群体自发的性质，即这项活动成为大家真正喜欢的活动，而不是被别人强制参与的活动。何况T村本来就是由张美香自发组织起来的，尽管参与者也经历了种种不适应，但到后来参与者都转变成了广场舞活动的真正拥护者。

思想的表现。现代体育运动建构的内容体系、规则体系、晋升体系等，无不是现代管理体制的折射。而现代管理系统就是塑造现代人的制度设计。

　　W 村的广场舞者们为了彼此之间的交流方便，还自发建立起微信群①，通过微信群交流跳舞的技术和心得体会，微信群同时也成为她们交流村庄其他事务的媒介。据村妇女主任陈宝香介绍，群内成员有 70 多人，而平常每天跳舞的有 30 人左右。应该说，这种规模虽然比不上城市广场舞的队伍，但在当前平时人口较少的村庄，这种队伍也算挺大的了。从妇女主任陈宝香热情洋溢的表述中不难看出，她们正在享受着广场舞带来的快乐。村民们能够借助微信群来交流跳舞感受，也是她们接受现代技术、与时俱进的表现。这就是农民现代化的一种具体体现。

二、重塑村民的交流空间

　　打麻将的游戏规则是输赢，建构的人际关系是疏离和斗争②。如果抛开对身体健康的损害，打牌还不如喝酒的效果好，因为喝酒是"聚合性"游戏规则，而打牌是"疏离性"游戏规则。正如俗话说，"喝酒喝厚了，打牌打薄了"，意思是说，人们总在一起喝酒，关系越来越近，而总在一起打牌，关系越来越远。在无聊的村民生活中，打牌无疑建构了一种生活交流空间，但这种空间却弥漫着斗争和硝烟，是分离社会关系的空间，而不是聚合社会关系的空间。然而，喝酒也不应该成为生活的常态，毕竟对身体是有一定损害的，而且喝酒还是一笔不小的花费。基于此，笔者以为，应该重塑村民的体育活动空间，让有闲暇的人们以体育活动为纽带进行交流和沟通。如此，不但锻炼了身体，还提供了村

---

　　①　W 村的微信群成为跳舞群体交流的渠道，他们常常在里面发一些跳舞视频，妇女主任陈宝香也会组织大家同时观看视频，以方便学习广场舞动作。一些妇女本来没有使用微信的习惯，但为了跳广场舞也学会了使用微信，而且有人为了方便更为流畅地看视频，还专门购买了更好的手机。由此可见，村民妇女对广场舞的痴迷程度很高。

　　②　打麻将是相互之间剥夺对方财富和荣誉的过程，所以就会导致人际关系一定意义上的疏离，甚至会引发一定程度的冲突。

民交流其他事务的空间,是新时期构建村民公共空间的良好平台。

根据肖海婷的一项对珠三角农村留守老人的干预研究显示,体育锻炼干预后的老人在精神疾病方面都得到改善。[①] 从社会学的角度看,许多心理问题或许是人与社会的关系出现了问题。也就是说,现代社会的高速发展导致不能与时俱进的老人,无法跟上社会的发展步伐。他们在社会中的价值感随着年龄的增长越发微弱,这导致他们心理上出现很大危机,而这种危机可能会演变成抑郁、偏执等症状。道理非常简单,何为抑郁症呢?就是个体价值长期得不到实现,个体有被社会丢弃的感觉。而何为偏执呢?就是在面对新的文化现象时,自身没有话语权;但个人却又要维护自身尊严,于是就会牢牢坚守自己观点,即使明知道这种观点是站不住脚的。而社会对老人这种坚守错误观点的行为,会给予否定的评价,老人进而要继续维护尊严和自己的观念。这样就形成偏执的社会心理。实际上,很多心理问题都与社会环境都有着极大关系。涂尔干在研究《自杀论》中就解释到,社会环境的急剧变化会导致自杀率的提高,原因是,很多人不知道遵守何种行为规范。[②] 农村老人也有着类似的生活境遇,他们生活的大部分经历是遵守传统规范,而到老年时,社会结构却发生了巨大变化。让他们放弃对传统规范的坚守,心有不甘;遵守新的规范,更加艰难。于是,老人就会出现不适应症。基于此,我们认为发展农村体育活动,可以有效地重塑村民的文化交流空间,对培养村民的健康心态有很大的好处。

伴随农业现代化的到来,特别是很多村民将庄稼地承包给他人时,村民之间的社会交往基础已然不复存在了。调查显示,农村饭市已然消失,村民之间的交往变得越发理性。过去打麻将基本上都是在某家里面,现在也开始到麻

---

① 肖海婷.体育锻炼干预对珠三角农村留守老人心理健康的影响[J].体育学刊,2013(4):68-70.
② 关于《自杀论》的研究以及自杀与社会规范之间关系的研究详见,曲庆云.自杀:从个人行为到社会事实——读 E.迪尔凯姆《自杀论》[J].社会学研究,1994(2):73-75. 孙璐.迪尔凯姆《自杀论》的当代反思[J].理论月刊,2011(8):182-185. 高琳.社会学研究与迪尔凯姆《自杀论》的典范意义[J].辽东学院学报(社会科学版),2008(1):35-39,70.

将室去玩。村民之间的交往由过去的模糊交换日渐转变为清晰交换，这些都说明村民之间的公共空间在萎缩。公共空间的萎缩将阻碍村民之间的交流与村庄建设，所以，有必要重塑村民公共空间，而这需要一个恰当的纽带。笔者以为，体育活动就可以成为村民公共空间的良好载体。

三、激发村民的美好向往

体育不仅能锻炼身体，促进身体健康，而且更为重要的功能是，体育能够焕发人的热情。以传统武术功法训练为例，晨起做上100个"单劈手"①训练之后，浑身筋骨得到打开，精神马上振奋起来，这有助于启动一天的精神状况。广场舞者说："跳舞之后，肩周炎、糖尿病好了，体重也减轻了，睡眠也好了，精神比以前好多了。"这就充分说明，体育锻炼促进了身心的健康发展。在过去忙生产的年代，大家没有时间和精力锻炼身体，这情有可原。而当前大家闲暇时间很多，如果不组织大家利用起这些时间，村民生活会感到更加无聊。老人们也说："不干农活之后，也着急，所以，就聚在一起打麻将嘛。"

体育能改善人们的身心状况，能激发人们的情感，让人们对生活充满希望。在晨起的练习中，适当强度的体育锻炼，是有助于提气和激发精神的。当参与体育锻炼之后，身心得到锻炼，精神面貌会焕然一新，有助于对生活重新充满希望。这一点在众多研究中已经得到证明。

当体育锻炼让精神振奋之后，做其他事情也有了精神，有了劲力。当体育锻炼让身材保持之后，个体就会对比那些身材臃肿的人群，更进一步激发继续锻炼的决心。体育从根本上说，是对身体的改善和重塑。当人们能够做到重塑自我身体之后，自信心就会建立；而这种自信心建立会进一步促进对健身的需求，这就形成了体育锻炼的良性循环。相反，如果从来都不进行体育锻炼，也就无法体会到体育锻炼的好处。很多讨厌体育运动的人，其实不是体育本

① "单劈手"是披挂拳的一种基本动作，也是提升功力的重要动作，这个动作有助于训练身体整体力，所以被作为传统武术非常重要的训练内容。

身的错，是他们不懂得选择适合自己的项目和运动强度。例如，以笔者为例，虽然笔者非常喜欢篮球项目，但无论怎么努力也无法取得较好的成绩，因此，在篮球上就无法获得成就感，这说明笔者对篮球没有天赋，自己的个性特征和身体条件不适合这个项目。这时候，就要放弃篮球，而选择适合自己的项目。在多次尝试之后，笔者发现还是武术适合自己。那就在武术方面下功夫，从而获得武术方面的成就感和运动快乐。任何体育项目，一旦开始参与之后，无论何种人群，都会不自觉地追求运动成绩，这是人的本性。因而，选择自己能够适当提高运动成绩的体育项目，是非常重要的，因为这能让个体在项目中获得成就感和满足感。体育要尽可能满足人的社会性，这样才能让其内化到个体自觉行为中去，因为社会比较无处不在。

基于此，笔者认为，农村体育文化的薄弱，并非是村民自身体育知识的薄弱，而是农村体育项目的种类太少，无法满足村民的多样化选择。如果能够像城市人的体育活动那样，农村也有足够多的体育项目可供选择，那么，村民也会逐渐加入到体育队伍中来。因为当前农村社会已然发生变化，村民已经不再是完全以农业为主，农民的诸多行为方式已经被逐渐城市化，他们接受体育行为是早晚的事情。所以，当前是发展农村体育的大好机遇。如果能够抓住这个机会，村民对生活的热情会更加高涨，尤其农村当前的这些高龄老人的晚年生活会变得更加丰富多彩，焕发起他们对生活的美好向往。

四、重构村民的自我认同

不少被访老年人认为，他们老了，没有用处了，生活表现出消极的一面。然而，当他们讲述当年参加劳动的光荣岁月时，却又神采奕奕。看来，任何个体都要寻找自己在生存中的竞争优势，只是在说不同社会环境下他们的优势不同而已。今天，他们退出了农业劳动，而且农业劳动技能已经不再是值得炫耀的技能，因而失落感往往油然而生。这是社会结构变迁的结果。基于此，笔者以为,通过体育活动重构他们的自我认同和自信心,①是可行的方法。

村民老人和一些妇女当前无所事事的状况,绝对不利于他们建立生活的自信,而必须通过参与一定的事务来建构自我认同。同时,自我认同来源于社会评价,无疑,村民的体育技能自信也需要通过他人评价来实现。村民之所以拒绝体育活动,是因为他们的体育技能严重不足,这使得他们对体育活动无法建立丝毫自信。但这并不意味着不能通过体育活动建立自信,关键是,是否有人组织大家建立自信。广场舞妇女在起初也是没有自信,她们甚至不敢在他人面前跳舞,然而,在妇女主任和发动者的带领下,她们勇敢地迈出了第一步。第二步似乎变得逐渐容易起来了。在经历了有点羞涩的过程后,她们越来越敢于在观众面前跳舞,甚至变成一种社会表演。她们不停地学习新的技能,不断地提高技能,不断地展示技能,也就不断地建立了自信心,确立了自我认同。而这种自信心和自我认同会蔓延到生活的其他方面,进而成为一个有自信心的村民。

体育活动的魅力之处,不仅在于体育运动能带来的身心愉悦,更重要的是,体育活动能建构自信,并将之蔓延到生活中去。他们在体育活动中获得了成就感,不但肯定了自己的运动技能,而且他们自己还肯定了其他方面的能力。正因为体育具有这种效果,所以,体育运动常常被用到许多方面,来调动人们对生活、工作的积极性。例如当前很多商家推出了工间操。工间操本身的好坏不是关键,关键是工间操有助于改变员工的精神面貌,使得他们能够在工作中打起精神,建立自信心。体育运动在诸多场景中,都有着振奋精神的作用。

人在无聊的时候,精神特别容易懈怠,尤其是在冷清的村庄内,在缺少社

---

① 关于体育活动建构人们的自信心的研究详见,朱志平.体育教学中如何培养学生的自信心[J].福建体育科技,2005(6):62-64.姚玉琴.论小学生自信心培养与体育教学[J].科技信息,2010(22):261.王建军,朋文佳,赵红云.体育锻炼对医学院校大学生自信心的影响[J].蚌埠医学院学报,2017,42(4):487-490.

会评价和社会竞争的环境下，人更为容易精神松懈。而一旦精神松懈之后，就会产生生活的无意义感。而体育活动就具有振奋精神的作用，当我们感到特别无聊的时候，可以通过做一些体育动作，来提提神。当然，参与一些群体性体育活动，更有助于提起精神。人没有精神，就容易衰老；而老人更是如此。所以，积极推进农村体育刻不容缓。

从某种意义上说，生命是由身体的活力来呈现的。正常情况下，活力是随着年龄的增长而逐渐降低的，这也反映出生命的质量在日渐虚弱。老人随着各种身体机能的功能弱化，机体活力降低。人们惧怕死亡，惧怕丧失活力，但年龄不随人的意志而转移。所以，人们就会想方设法去保持活力，而体育活动正是保持活力、增长活力的良好手段。

城市健身广场上很多老人带着大音响，放着劲爆的音乐雄赳赳气昂昂地暴走，无不是为了提高生命的活力。尽管过度暴走可能会带来一些负面作用，例如对膝关节造成一定程度的损伤等，但暴走却极大地振奋了参与者的精神，大大提升了他们的活力。城市健身老人正是看到体育锻炼的这种魅力，所以，一些人的健身才会表现得很夸张，运动量非常大。这都向人们证明他们的活力很大，生命力很旺盛。生命力越旺盛，自信心越强大，自我认同感越强烈。

五、促进村民的团结精神

广场舞者们在练习中自发认识到队伍整齐的重要性，正如李花花阿姨所言："就是个人跳得再好，如果大家不一致的话，也是乱七八糟。"因此，广场舞训练让她们在其中自觉形成了团队的意识，这种由技术整齐发展到最后思想一致的过程，是建构村民社会团结的新形式。这是体育活动所具有的社会功能。

村中有不少独居老人，这其中有个别人一生没有结婚，但大部分是丧偶。老年人重新寻找自我幸福，在城市中是非常正常的事情。但在农村，由于传统思想的障碍，许多老人还是难以迈开这一步，导致老人的真正幸福总是无法圆满。老人在农村如果有对异性的喜欢,就会被认为是老不正经,而青年人喜欢异性则是正常的。这是传统落后思想的问题。积极推进农村体育活动的开展,在体育活动中为单身老人牵线做媒,才是对老人真正的精神照料。老人就是需要一个伴侣,在相互扶持中走过余生。即使老人们碍于各种麻烦不愿结婚,例如结婚导致的财产继承问题,或者结婚导致的子女关系问题等等,独居老人们之间也可以结成友好互助关系。

与城市相比,农村一直以来被认为是发展落后的象征,村民一直被认为是保守、涣散的小农的象征。然而,广场舞者的种种学习行为,让我们看到了村民学习的团结性和积极性。调查的三个村庄的广场舞活动尽管开始都是由组织者进行了调动,但之后的很多活动都是村民自发组织和发展起来的。妇女们为了学习广场舞动作,大家共同研究上网技巧。很快学会了使用手机上网,并且能够使用文字输入和语音输入两种方法对广场舞视频进行网络检索。为了能够获得更为直观的感受,她们结伴不惜夜晚跑到几十公里外的其他村庄或者镇上观摩学习。这些文化素质不高的家庭妇女能够在如此短的时间内,学习到这样的技能,确实是一件了不起的事情。

语音输入法需要使用普通话,这些农村妇女大多不会说普通话,但几个阿姨都说道:"可以多说几遍啊,直到说准为止。"她们之间相互鼓励,共同进步。看来,为了学习广场舞,她们转变成了学习型村民,这一点在以前是不曾出现的。长久以来,人们诟病村民落后的原因之一就是,村民不爱学习,跟不上时代的发展步伐。而从这些积极向上的广场舞者身上,我们看到了村民学习态度的转变,也让我们看到了她们的团结精神。

六、重构村民的时间意义

时间,对所有人都是公平的,她不会因为某人伟大而延长,也不会因为某人渺小而缩短。时间,就是这样不随任何人的意志而流逝。村民们忙于生产时,时间就像金子一样宝贵,例如抢收粮食时,时间就是粮食;村民抢修房屋时，时间就是家等等。时间一旦用在关键的时候，就显得弥足珍贵。而一旦村民无所事事时，时间又显得一文不值。村民发呆式地打发时间，用老人的话就是消磨时间，这是对时间的不尊重。时间就这样无情地溜走了，等到离开世界时也没有感受到时间的宝贵性。这就是村民对待时间的行为和态度。

同样是村民，外出务工青年的时间观念则要强很多，因为他们清楚地知道时间就是金钱，时间的付出可以换回经济的报酬。从 Y 村村民外出的历史变迁趋势看，村民外出流动人数逐年增多，时间逐渐延长。务工者随着在城市打工时间的延长，他们回家的次数和时间逐渐减少。在城市中工作的每一分钟都可以换回经济回报，深知这个道理的民工不舍得放弃每一分钟的时间。在市场经济的大背景下，他们甚至可以牺牲掉照顾孩子、赡养老人的时间，用在务工挣钱上。他们的时间几乎可以称之为"黄金时间"。穿梭在城市大街小巷的快递小哥，穿行在饭店客人之间的送餐员，攀爬在高楼大厦的建筑工人等，哪个不是用时间来换回金钱，这些时间的使用是农村高龄老人望尘莫及的。

城市中的一些青年人非常忙碌，是因为他们对自己的整个一生有着长远规划。他们要在有限的时间内干出一番事业，所以，他们不舍得浪费一丁点时间。在他们身上时间是金钱，时间是生命。所以，他们最珍惜的就是时间。反观村民老人对时间的消极态度，反映出他们已然没有了对生活的长远规划。村民老人对时间的浪费背后，折射出他们对生活的价值感不高，所以，我们必须重新建构他们对生活价值观的认识。让他们感受到生活原来还有很多有意义的事情要做。只有让他们体会到生活的美好，他们才不舍得浪费时间，才会把晚年时间用在有意义的事情上。

时间是以事件为载体的，没有了具体事件，时间感就显得淡漠。从社会学的角度看，发生重大事件时，时间是被赋予意义的。例如重大节日、生日、纪念日等，这些时间点往往被认为是极为重要的。在无所事事的时候，时间又变得不再那么重要，因为这些时间内不发生任何事件。所以，时间就会悄然流逝，生活的价值感也就不高。村庄高龄老人对时间的漠视,不是他们不知道时间的珍贵,恰恰相反,他们对晚年的剩余时间更为珍惜。然而,村庄生活的单调和自己能力的微弱,使得他们不知道如何利用宝贵的时间。因此,老人就会明知时间珍贵而浪费时间。

在一段时间内获得一定的价值的时间是有意义的时间。这种时间会让主体产生成就感,而不会有失落感。平静村庄令人无聊的地方就是,不知道时间如何度过,因为在这个时间内没有事件发生。所以,建构时间的事件内容,是当前村庄生活的重要工作。换言之,要让村庄生活丰富起来,让村民有事可干,有意义的事情可干。如此,村庄生活就不再无聊。

体育活动虽不是万能的,但却在一定程度上,可以让个体感知时间的价值。例如,很多比赛中都有时间的要求,那些竞速类项目对时间的要求更为清晰。时间也可以通过对某些事物的付出,获得某种技能的长进来感知,这都是时间在体育活动中的直观体现。时间让体育活动有了比赛的尺度,体育活动让时间流逝得更有价值。简言之,用宝贵的时间来学习某项体育技能,让村民的生命价值感重新得到体现,让身体感知能力进一步得到提升,让生活的时间更有意义。

广场舞者之所以不停地学习新的内容,就是希望时间度过得有价值。付出时间是有回报的,时间的事件内涵也不是一成不变的。广场舞者不断地寻求更大的跳舞空间,也是希望每个时间段都有新的事件发生。这就是时间与事件之间的关系,或者说时间与实践之间的关系。所有人都知道,生命的时间是相对固定的,每个人都要面对短暂的人生时间。然而,每个人的时间感知是不同的,因为不同人建构了不同的时间内容。而不同时间内容对人生的价值是不同的,所以,每个人的生存体验是不同的。

体育技能是可以通过时间而提高的,体育技能的娴熟化填充了时间,也赋予了时间的价值。无论何种体育项目,只要玩的时间长了,都会产生身体的适应、技术水平的提高,并且还有进一步提升的需要。这样就给付出的时间注入了鲜活内容。患上重大疾病的人，明知时间已经非常有限了，是等待上帝的审判，还是将剩余时间填充有价值的事件呢？如果等待死亡，那将是无比的空虚和痛苦；如果做些有意义的事情，就会感受到非常的幸福和充实。这就是时间与事件的关系。空想时间的存在，是件令人恐惧的事情。填充时间的内容，才是生命的真谛。农村高龄老人的时间观念需要事件的填充，而体育活动就是很好的事件。体育活动可以改善他们的身心，还可以建构他们对时间的意义，因此，农村体育活动亟待发展和推进。

当人们度过充实的一天之后，晚上会心满意足地睡去；而如果人们浪费了一天，则晚上会感到非常懊恼。人就是这样，都有获得成就感的需要。善于规划和克制自我的人，能够感知每天的快乐；而随波逐流的人，则会感到异常空虚。尽管每个人的整个生命时间大致相同，但每个人的时间内涵却是不同的，区别就在每个人所经历的事情，获得的成就不同。

农民在割麦时，喜欢竞赛割麦的速度；收庄稼时，喜欢比较完成的速度。这就是农民种植庄稼时，对待时间的态度。村民在生育时，喜欢比较谁家先有了孩子；在儿子结婚时，喜欢比较谁家先娶了媳妇。然而，农民最大的问题就是，他们更多是在农业生产和家庭生活上进行竞速，而对其他方面不会去竞速。当然，这与村庄生活内容过于单调有关。

第二节　发展农村体育活动的契机

一、国家政策好：村民闲暇时间增多

被访者几乎都提到了当前的国家政策好，事实的确如此。尽管外出务工青壮年与城市居民相比时，常常产生相对剥夺感。然而，居住在农村的村民却一致认为，当前国家政策好，他们不用种地还有补贴，老人还有补助。这在历史上绝无仅有。而面对好政策，他们只是觉得现在日子快活了，却不知道如何

健身。村民普遍认为，走走玩玩，散散步就是健身，无疑这是对的。但这与真正意义上的健身还是有很大距离的。基于当前国家的好政策，村民的空闲时间的增多，为农村体育活动的开展提供了时间保证。

二、自主性增强：为体育选择提供机会

笔者曾经在 2010 年采访过 Y 村，当时笔者就已经感受到村民关系的理性化和村民自主性增长很多。6 年之后，笔者再度采访这个村庄发现，村民关系进一步理性化。这 6 年期间还有一个很大的变化，就是村民大多把庄稼地承包给种田大户了。W 村、L 村、X 村和 T 村的情况也大致相同。村民的这种行为促使村民关系进一步理性化，原因是，村民以农业为纽带的基础彻底消解了，村民之间的"我们感"[①]越发微弱。那么，在一个消失了原有的稳定社会纽带的村庄里，如何凝聚他们的社会团结感呢？从当前来说，这种团结感似乎正在慢慢松弛，村民之间曾经的熟悉感正在随着纽带的消失而渐行渐远。在这种情况下，如何重构村民之间的"我们感"呢？笔者以为，体育文化活动可以重构村民关系，为改善村民关系提供机会。

三、退而不想休：发展体育活动的契机

调查得知，Y 村的裴向前老人已经不再参加农业劳动了，但在笔者采访他时，却看到他在门口的鱼塘喂鱼。询问得知，鱼塘是集体的，他义务负责喂养，不收任何报酬。观察发现，他喂养得尽心尽力，并且从中还获得某种成就感，也很高兴。从这件事情可以看出几点：第一，老人对集体生产生活的留恋和

---

① "我们感"是衡量人际关系的一把尺子，过去村民之间由于种地、盖房、日常事务等各种相互帮助，为村民之间建立起明显的"我们感"，换言之，他们是一个同质性很高的集体，彼此之间关系亲密。然而，今天随着庄稼地承包、盖房承包、日常事务独立化等，导致村民之间交往越发减少，且高度理性化，因此，村民之间的"我们感"越发微弱。

习惯;第二,反映了老人退休①之后,仍然有参加劳动的需求。在以体育活动为主题的采访中,老人却一直回顾他一生农业生产的经历,这一点在其他被访者身上也多有体现。笔者不愿意打断他们的述说,原因是想明白他们的生命历程是什么。研究发现,70岁以上老人的生命历程中充满着集体大生产的记忆,且以在生产中付出的艰辛和取得的成就而感到光荣和自豪。其中几位曾任生产队长的老人,更是津津乐道地讲述他们为了维护队长的地位而整日劳动的历史故事。

不难发现,大部分老人退出农业劳动之后,还是有着不想完全休息的想法。只是有些村民实在没什么事情做,就索性去打牌。而有些老人就去种菜,喂鱼,干些轻体力劳动。总之,度过闲暇时间,农村老人仍然像城市老人一样有做事的需要。当然,就目前农村老人来说,我们也不能说他们的生活是无意义的。但就科学健康的角度看,他们的生活还是有改善的空间的,而体育文化娱乐活动恰恰就是最好的手段,村民广场舞的兴起已经非常雄辩地证明了这一点。

四、有体育需求: 发展体育的动力

村中老人受到农业社会的影响较深,他们在农业生产上有一定的技能优势,使得他们更多地要坚守农村原有的那一套文化模式。但村庄的巨大变化,务工子女的文化观念转变等,又使得他们对农业社会文化的态度有些怀疑,对现代文化有些向往。所以,就出现了老人的矛盾性文化认同,即一方面要坚守传统文化,另一方面又难以回避现代文化。坚守传统文化,让他们有些自豪感、成就感,而接受现代文化,他们又感到自身没有任何优势。一群老人既回

---

① 农村退休没有严格的时间限制,因为没有退休金,所以,农民退休取决于身体条件和子女孝敬程度。如果身体条件好的话,老人不会轻易退休;而如果子女非常孝敬的话,老人也可以早点退休。但从调查的村庄来看,绝大多数男性老人都在65岁以上才肯退休。基本上是属于身体不再允许干体力活了的情况。

避现代文化又向往现代文化的矛盾态度,折射出了他们自身在社会结构变迁中的无奈。我们要积极帮助他们完成对新旧两种文化的转换,让他们通过接受现代体育活动来建构新的社会文化认同,而不再固守传统农业社会的那套保守思想价值观念。

妇女主任陈宝香认为,村民对体育器材、体育项目的多样化有需求。而且陈宝香还说道:"尽管我们村安装了体育器材,但相比城市来说,种类还是偏少。我儿子在合肥的小区里的健身器材非常多,我去那里看到了那些器材,给儿子说,怎么还有这种器材呢?"由此可见,运动器材种类少了,势必会影响参与者的数量,因为不同人的健身偏好是不同的。另外,村庄除了广场舞之外,其他健身项目也太少。尤其是没有适合高龄老人的活动项目,而城市高龄老人却在练习那些健身功法、拍打功法、太极拳功法等。当前,村民的闲暇时间越来越多,他们有足够的时间和精力去健身,但由于不知道如何健身,所以,只能通过散步解决,使得生活非常单调。之前村民整日忙于生产,没有闲暇时间来进行健身的话,我们还可以理解。但当前村民有大量闲暇时间,也有少量村民开始具有体育活动的愿望①,此时就应该推进农村体育的发展了。

第三节　发展农村体育活动的建议

一、场地器材的设置

调查发现,河南的 L 村、T 村和安徽的 W 村都有广场舞活动,但 L 村和 W 村是精神文明示范村,村庄有专门的健身广场。乡政府和村委会号召村民跳广场舞,因此,这两个村庄的广场舞活动具有行政合法性。所谓行政合法性是

---

① 尽管只是少量村民有清晰的健身需求,但不能说大多数村民没有体育需求,事实上大多数村民的体育需求是需要被激发出来的,广场舞的兴起就是例证。刚开始大家都拒绝接受,后来很多人痴迷广场舞,其他体育活动也是如此。因此,客观地说,广大村民是有体育需求的。

指,上级行政机关有备案并支持开展的活动和行为。但 T 村却并没有得到这种待遇,尽管名义上村委也支持搞这种活动,但仅仅是口号而已,并没有实际的支持行动。因此,T 村的广场舞活动事实上并没有行政合法性。

尽管说村庄体育活动具有行政合法性,未必能够获得社会合法性;但体育活动行政合法性的获得,将会促进社会合法性的获得,进而促进体育活动的开展。[①]尽管三个村庄都经历了广场舞社会合法性的建立,即获得村民真正的认同,但相比 T 村,L 村和 W 村由于得到乡政府和村委会的大力支持,广场舞活动的整个发展就比较顺利。最为典型的是,L 村和 W 村都有专门的健身广场,跳舞者不用为场地发愁。然而,T 村的广场舞发展却为寻找场地费尽周折。领舞者张美香阿姨告诉笔者,她们跳舞几年以来,被迫转移了五六次场地。多数情况都是因为跳舞干扰到别人了,所以被迫转移阵地。正是跳舞没有得到行政的支持,所以,她们只好离开,重新寻找场地。相反,如果 T 村修建了健身广场,那么,跳舞者就可以理直气壮地使用场地。尽管 T 村也有一些空地,但由于不具有体育活动的行政合法性,所以,跳舞者就不能正常使用。

事实上,通过对 T 村、X 村的调查得知,乡政府和村委对当地体育的发展重视不够,缺乏专职人员去发动大家参与全民健身。X 村健走者的活动也不是由村委发动的,而是大家自发组织进行的。一般都是到晚上,X 村村民三五成群地在村庄附近走走。T 村广场舞的兴起也是自发组织起来的,乡政府和村委并没有给予重视。从 T 村跳广场舞的场地就可见一斑,他们在马路边上跳舞。这充分地说明了要想发展农村体育,场地是至关重要的因素。当然,T村广场舞发展得如此之好,与领舞者张美香阿姨的个人魅力和努力有直接的关系,如果没有领舞者张美香阿姨的辛勤付出,T 村广场舞很可能是不会发展起来的。

事实上,几乎所有的体育运动都是来源于生产生活,而体育运动又是要高

---

① 胡全柱.体育社团合法化机制研究[J].河南师范大学学报(哲学社会科学版),2009,36(2):256-258.

于生产生活的。体育运动要为参与者设立一定的目标,规范一定的技术标准,组织一定的比赛,使得本来没有明确目的的活动,转变为具有明确目的的活动。有了明确目的,参与者的积极性就会提高。而且比赛也会激励参与者去努力锻炼,进而提升水平,比赛的奖励和荣誉进一步肯定体育运动的价值。因此,积极地在农村修建一些健走路径,是非常有意义的事情,并且健走路径的资金投入也不是特别巨大。关键是,这种路径适合于村民已有的锻炼习惯,会比较容易得到农村老人的支持。

W村黄冠友大爷说:"有了锻炼器材,大家可以到那里玩玩,会不会玩是一回事,起码可以聚到那里,时间久了,肯定都会玩玩嘛。"由此可见,健身广场的体育器材可以成为聚集村民的空间和方式。即使村民老人对体育活动并非特别期待,但有了这些场地和器材,村民们就可以坐在器材上进行交流。[①] 如果再有人专门引导的话,相信村民还是可以逐渐喜欢上健身的。

二、体育项目的推进

(一) 多元化项目推进

在体育比赛中,高水平运动员往往被人们记住。在日常生活中,竞技水平高的人往往被人们模仿。在体育场所中,体育意味着青春、活力、热情、速度、力量等等。然而,人们却忘记了那些老、弱、病、残、幼的体育活动,他们难道不需要体育活动吗?

在农村中,老人对体育知识的一无所知,对体育的扭曲认识,对体育拒绝的顽固态度等,都在告诉我们,农村体育文化是非常贫瘠的。然而,老人对体育的拒绝,农村体育的缺失,并不意味着农村真的不需要体育,而是我们没有真正让村民了解体育,没有带动起他们的体育热情。广场舞的成功已经非常清楚地说明,农村是需要体育的,农村体育发展是可行的。

---

① 事实上,城市健身器材上也经常坐着很多聊天的人,他们也把健身器材当成板凳,几个朋友聚集在一起交流,同时也会玩一会儿健身器材。

事实上，有医学研究证明，八段锦、太极拳、广场舞、健走等，对老年人的身体健康是有好处的，可有效预防老人跌倒，提高身体平衡能力。[①] 因此，农村不但要发展广场舞活动，也要积极推进八段锦、太极拳、健走项目。多元化项目的推进可以让村民能有更多的选择。当前，村庄多数老人的体育活动还是空白，因而积极推动能够满足老人需求的体育项目，可以促进农村体育活动的全面发展。

门球运动是一项非常适合老年人的运动，这项运动在城市公园中已经发展得非常好。场地要求也不是很高，可根据当地经济情况建立不同档次的场地。即便是最好的场地，也不过是四周围起来不到半米的围墙，场地内铺设草坪或者人工草坪，设立几个用钢筋做成的小门洞即可，打球者携带一根球杆即可。而简易的球场仅仅需要一块平整的土地即可。门球对场地器材的要求非常低，但却非常适合高龄老人玩耍。这项运动运动量小，趣味性却高，是一项益智性较高的体育活动，对准确度有一定的要求，可以练习老年人的视力。而且，门球运动可容纳的参与人员也较多，一场比赛可容纳很多人加入进来，大大提高了此项运动的社会交往功能。不像那些单人对抗项目，只能容纳两个人，导致很多人无法同时参与，也缺少了集体玩耍的乐趣。事实上，这项运动已经在农村有发展较好的先例。根据武汉体育学院的一位研究生的研究显示，襄阳市的农村地区就开展了门球运动，效果较好，受到了村民老人的青睐。[②]

村民老人对大运动量和大运动强度的体育活动是排斥的，原因是他们不想耗费太多体力了，但殊不知，体育是有着众多形式的。很多游戏性的体育活动本来就来自民间，有着极强的趣味性，却仅仅耗费极小的运动量，这种形式

---

① 王大方等.八段锦、太极拳、广场舞、健身行走预防老年人跌倒的效果[J].上海医药,2017(8)：55-56.

② 李杰.人口老龄化形势下农村老年体育锻炼情况的调查研究：以襄阳市为例[D].武汉体育学院,2015：22.

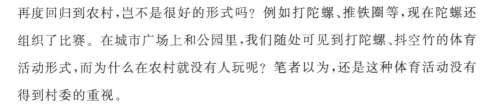

再度回归到农村,岂不是很好的形式吗? 例如打陀螺、推铁圈等,现在陀螺还组织了比赛。在城市广场上和公园里,我们随处可见到打陀螺、抖空竹的体育活动形式,而为什么在农村就没有人玩呢? 笔者以为,还是这种体育活动没有得到村委的重视。

（二）体验体育活动

体育活动是要有身体体验的活动。很多老人在还没有接触之前,就已经想当然地将体育拒绝到大门之外,因而他们无论如何也感受不到体育的快乐,所以,体验活动有助于消除老人抵触情绪,促进体育推广的开展。正如当下很多商家推出的儿童体验课一般。儿童在体验的过程中逐渐感受课程优势,并进一步吸引更很多儿童加入进来。所以,体验课对于吸引人员加入还是非常成功的。

农村老人不喜欢体育活动,是因为他们根本就没有认真参与过一次体育活动,他们只是想当然地认为只要是有体力参与的活动,都是没有意思的。因为他们已经劳动了一辈子,费了一辈子体力,实在不想再费体力了。这就是农村老人拒绝体育活动的逻辑。

以笔者看来,老人尽管精气神不是太好,无法做那些激烈的体育运动,但慢走运动、门球运动、乒乓球运动、太极拳运动、养生功运动等,还是非常适合他们的。关键是,当前根本就没有人去组织这些活动,而只要有人去组织他们先体验一下多种体育活动,相信老人还是可以喜欢上的。正如广场舞活动一样,政府号召大家学习,虽然也经历了一定的曲折过程,但当前不是开展得挺好吗? 所以,关键还是要有人去引领这些老人的体育活动。让根本没有丝毫体育常识的老人去自行开展体育活动,怎么可能实现呢? 笔者还是坚信只要政府能组织老人开展适合他们的体育活动,老人会逐渐从麻将室中走出来。

（三）指导体育活动

文化,简单地说,就是人化,即由人建构的物质产品和精神产品。体育文化,就是人建构的体育场地、体育器材、体育活动项目、体育活动观念等。在农村社会中,以前村庄很少出现与体育相关的文化现象,当然,村民就没有体育文化的观念。

让村民建构体育文化,就是要村民既了解体育文化的器物层面,还要明白体育文化的精神层面,仅仅接触一个方面的内容,有时还是不能实现体育活动的参与意愿。例如,当前有些村庄安装了体育器材,但为什么还有村民不去参与体育活动呢?答案就是,村民根本不懂得如何使用体育器材、如何锻炼身体,所以,那些器材被闲置起来,导致资源的极大浪费。相反,那些懂得体育活动的人们,即使没有体育器材,也会建构体育器材,例如会把任意一个东西作为哑铃进行臂力练习。正如同样没有专门体育场地器材的唐叔叔,就可以利用乡间小路进行健走。

农村体育活动的开展,恐怕不只是需要安装体育器材,更为重要的是要指导村民如何使用。只有会玩体育活动了,才能真正利用起来这些器材。也就是说,当前体育文化的精神产品并没有得到重视。健身是一门学问,想要推进农村体育活动的发展,得有专人指导如何健身。如何把握健身的运动量、运动强度,如何科学锻炼各项身体素质,这都是需要指导的;否则很可能导致锻炼伤身的结果,或者索性没有人参与体育锻炼。

因此,农村除了需要投入一些场地器材之外,还需要体育社会指导员真正走进农村,来组织老人进行体育锻炼。精神文明示范村广场舞的成功就是典型的例证。体育指导员的组织带动作用非常关键。针对这个问题,笔者采访了一位老人。笔者问:"如果有人监督您去锻炼,您会去吗?"老人说:"不一定。"笔者再问:"那如果您去锻炼,有人教您呢?"老人说:"那可以考虑一下,我们不会玩,有人教,那就玩玩嘛。"可见,无人指导是农村体育长期以来一直缺位的重要原因。因此,带动他们走向体育活动之路,让他们逐渐养成体育习惯之后,他们就会自行进行体育锻炼。

(四) 通过能人建构体育活动群体

物以类聚,人以群分。以城市体育活动为例,有跑步群体,有自行车群体,有篮球群体,有抖空竹群体,有太极拳群体,等等。这些群体或者是通过在公园、广场自发而成,即由少数个体练习逐渐吸引其他成员加入形成,或者是通过互联网平台形成。总之,城市体育群体的多元化,大大促进了体育的发展。我们在城市公园广场可看到各种各样的体育活动群体,锻炼者有着自己的活动时间和目标,并且还定期参加比赛。这些目标、活动等使这些自发群体具有相当的规范性,让其中的个体获得了一定程度的归属感,获得了群体认同。

参照城市活动群体,我们要发展农村体育,首先要发展体育能人,即先重点培养一个或者几个体育能人。可由村委推荐到城市学习某项体育技术,或者由城市体育专家到村庄培训体育技能。当村庄能人掌握一项体育技能后,就要带动发展其他人的学习技能。可以采用线下发动的方式、吸引的方式建构群体,也可以通过搭建农村体育网络平台,发动和吸引广大村民形成体育群体。只有建立了体育群体,才能进一步推进体育活动的开展和发展。

从安徽和河南两个文明示范村的广场舞来看,起初都是由政府号召村民组织体育活动。安徽 W 村是政府派人到村庄教授广场舞,由妇女主任陈宝香组织进行。河南的 L 村是由民间艺人赵连紫组织发展,同时政府通过检查村民广场舞情况来促进发展。在检查期间,村民妇女们白天都要跳广场舞。可喜的是,在政府的号召下,W 村和 L 村的广场舞者行为都由被动行为逐渐转变为自觉行为,这都与村庄能人带动建构起的广场舞群体有直接关系。

三、体育活动的维持

（一）让外界体育活动者走进村庄

常言道:"卫生靠检查,体育靠比赛。"此话确实是真理。农村体育的发展也离不开比赛的形式。安徽 W 村参加广场舞比赛的案例就足以说明,比赛对推动体育发展是有很大作用的。妇女为能够参加比赛费尽了心思。乡里规定,每个村只能出一个代表队,人数是 16 人,可村庄有 30 多人经常跳舞,大家都想参加比赛。为了这事,妇女主任陈宝香费尽了心思,甚至妇女们之间还为此发生了矛盾。最后,村委通过让本村广场舞者代表其他没有广场舞的村庄参加比赛,才平息了这场矛盾。由此可见,比赛对促进体育发展是多么有力,因为比赛是社会比较、社会竞争的折射,是展示自我的机会。

体育管理部门也可以组织县城、镇上一些体育活动者,到村庄进行比赛,让村庄来承办体育比赛。当然,要根据村庄场地的实际情况安排比赛规模。例如,可以举行五公里越野健走,让村民观看体育比赛,以活跃村庄文化;同时,也让县城居民能够走进田野,呼吸新鲜空气。如果能够将比赛长期固定在村庄,还将对村庄带来一定的经济收入。Y 村就是一个风景秀丽的小山村,非常适合举行短距离的越野健走、跑步比赛,还可以举行定向越野比赛。启动这件事肯定要付出一定的心血,要协调好各方的利益。但只要各方能够遵守共同商定好的办法来执行的话,相信这是一件推动农村体育发展的良好举措。村民在服务比赛、观看比赛的时候,就会潜移默化地受到影响。城市比赛场地还要花费那么多的经费,而农村广阔的空间,场地使用费用价格相对低廉,甚至免费使用都不是问题。当然,为增加村民经济收入,建议适当给予少量的费用,以激励村民对体育比赛的支持,对体育活动参与的热情。

一些已经开设定向越野课程的高校也可以走入这些体育文化贫瘠的村庄。如果将附近学校的定向课程安排到这里来上,不但会起到带动村民参与体育活动的效果,还能够安排一些村庄人员做后勤保障工作,获得一定的经济收入。避免了一些高校在定向越野时,学生在走进村庄后,因为踩踏庄稼、影响居民生活等,而与村民产生矛盾的问题。同时,对于城市的学生来说,也是一次体验村庄生活、放松心情的好机会。可谓是一举多得的事情。关键是,是否有相关部门愿意做这件事。

W 村环境非常优美,村庄建有健身广场,还配备了体育运动器材。而且,W 村还被评为旅游建设美好乡村。W 村依托历史名人故居,正在修建历史名人纪念馆,等到纪念馆落成之后,就具备了旅游接待能力。村庄紧邻集镇,集镇上有宾馆、餐饮等供游人住宿、吃饭的场所。W 村整个村庄的道路也都修建得非常好。家家户户的外墙都经过统一粉刷,墙壁也绘上了美丽的图案。更为重要的是,W 村周围自然环境秀丽,空气清新,是一个天然氧吧。在这种情况下,W 村完全可以被打造成体育文化旅游乡村。这样不但丰富了游人的旅游内容,更推动了 W 村体育文化的发展,还会对周边村庄形成辐射作用,带动周围村庄的体育文化发展。

（二）举办趣味运动会

我们看到在城市很多单位里,经常会举办一些趣味运动会,这得到了很多员工的大力支持。这种活动运动量不大,但趣味性却较高,而且举办方还设立了基本上人人有奖的奖励模式,更鼓励了参与者的热情,成了单位员工最为期待的工会活动项目。反观农村,却极少看到过趣味运动会。这就说明乡里和村里对村庄精神文明建设不够重视。因此,笔者认为,开展农村趣味运动会是一项非常可行又有意义的活动。

可根据村民既擅长又能够接受的活动设立比赛项目,例如比赛割麦子、锄地、健走、推圈、打陀螺等村民喜闻乐见的项目。当然,不是真的割麦子和锄地,而是用一些简易道具进行代替的活动。这样的活动既没有完全脱离村民的原有生活,同时又提升了原有生活,更为重要的是,引入了现代体育的竞赛观念,使得村民能够真切地感受到体育运动的魅力。乡里、村里既然要建设村庄文化,就要落到实处,而不是只停留在口号上。当然,在组织上要根据村民的实际情况,量身定制一些体育项目。同时,要配备乡村医生做后勤保障,配备医疗救护车以备不时之需。相信只要用心去做,一定能够推动村庄体育活动的发展。而那种不愿意精心准备,不愿意承担责任的惰政思想,会大大影响村庄的精神文明建设。事实上,村庄体育文化的建设,不仅仅是因为没有经济投入,更是因为没有组织者。就以趣味运动会来说,很多城市举办的经验证明,这不需要太大的经济投入。而关键是,是否有人意愿去投入一定的精力。如果乡里、村里真心想要发展村庄体育活动,相信即使当前没有太多的体育场地、器材投入,就单单依托现有的村庄环境,同样可以开展农村体育活动。而问题的关键还在于,管理部门是否有意愿去做这件事情。因为趣味运动会在城市已经是非常成熟的活动,在大学里,仅仅需要几个学生就可以组织起一个有百人参与的院系趣味运动会,而且举办得有声有色。

（三）成立体育活动之家

调查发现,Y村的老人活动聚集地是麻将室。在这里,老人们在烟雾缭绕的环境下打牌,虽然也是一种消遣,但对健康的危害是不容置疑的,例如久坐导致的下肢压迫,输赢导致的心理起伏等。那么,如何改变这种现状呢?笔者以为可以在村委会建立老年之家,鼓励大家到老年之家进行交流。交流手段可以是一些简易的体育活动,如门球、扭秧歌、打陀螺等。村委会通过广播这种传统宣传手段,建构村庄健身舆论,并对参与者给予精神奖励和少量物质奖励(如发给一个陀螺)。通过一定的说服教育,让老人从麻将娱乐转变为体育娱乐,倡导绿色健康的休闲方式。通过体育活动之家,邀请专家讲授身心健康知识,让老人建立自信,重新认识自己的身体和心理。村委可积极与大学体育院系的师生联系,定期邀请学校体育专业人士开展公益讲堂。对大学师生来说,也是一次服务社会的行为和实践;对村民老人来说,则是提高自身健康知识的良好手段。

体育活动之家的村民们是相互扶持的集体,应该让其中的每个人得到一份来自同伴的社会支持。[①] 与麻将室之内的人际分离关系不同,体育活动之家建构的是聚合关系。空巢老人平时得不到子女的社会支持,那么,将他们聚合到一起,也可以起到抱团取暖的效果。村干部要承担起发展老人体育文化的责任,带头参与体育活动。将自己学会的技能教给大家一起练习。在当前村庄事务比较少的情况下,村干部不能无所作为,应该将村内生活的空巢老人发动起来,积极地进行健身活动。这不仅活跃了村庄气氛,同时也减少了老人的医疗开支。

---

① 钱巧霞等.中国农村老年人生活状况及其思考[J].中国农村卫生事业管理,2011(2)：150－152.

（四）盘活农村体育活动

首先,体育部门可以派县城的一些优秀体育工作者和群众爱好者,到村庄进行体育活动展演,例如广场舞、抖空竹、打陀螺、打门球、打太极拳等。先让村民老人看到多种多样的体育活动,给他们留下一个直观的印象。县城有很多广场舞者的表演热情很高,如果组织起来到村庄去表演,应该不是问题。可以将表演与乡村旅游结合起来,同时,村庄也可以搞一些农家乐。其次,体育相关部门可以在乡政府、村委会的配合下,携带一些体育用品走到村庄举办体育文化讲座。将一些体育用品知识现场讲解给村民,并免费赠送一些体育用品,例如空竹、陀螺、乒乓球等。事实上,像空竹和陀螺这样的器材对场地要求很低,推广这些项目非常容易。工作人员现场可以示范空竹的运动方法和游戏规则。再次,村委会也可以委派村庄的体育能人到集镇、县城和城市,观摩学习体育技能,到健身广场、健身公园观看体育活动状况。还可以到城市的大学体育学院中,观摩学习更为专业的体育技能。村庄老人之所以毅然地拒绝体育活动,是因为他们根本不懂得体育,没见过种类多样的体育活动。只有让村民见识到了种类繁多的体育活动,并且经城市体育专业人士指导之后,才会逐渐扭转对体育活动的看法。

（五）积极利用本村大学生发展体育活动

就目前来看,调查的五个村庄中的大学生回到家乡后,大多不再延续在大学里的体育活动。原因是:第一,家乡没有体育活动氛围;第二,回家惰性思想严重,在学校里学习累了,回家就想好好休息。殊不知,这些大学生本身是具有一定体育技能的,虽然不见得水平有多高,但服务于村庄体育活动还是能够胜任的。因此,乡政府和村委会应该积极利用这些大学生的假期时间,让他们带领村民搞体育活动。大家都是乡里乡亲,交流上没有障碍,情感上也较为亲切。关键是,村委会是否有这样一种态度,当然,要给予必要的经费支持。

尤其是那些体育专业的学生,更是应该发挥自身专业优势,服务于村庄社会。将自己的技能转化,服务于村民体育发展,才真是学以致用。可以从最为基本的身体操开始,例如头部运动、扩胸运动、振臂运动、踢腿运动等。在我们看来极为简单的动作,也是很多村民所不知道的,所以就从这些最为简单的动作开始教学。让村民逐渐培养出对身体全面锻炼的观念,扭转劳动等同体育运动的观念。也可以教授一些较为简单的导引动作,配合呼吸的身体拉伸运动,以及简单的高架太极拳动作等,都是极为适合老年人的运动。

本村大学生的家乡话不是问题,但却有一个将体育话语转化为家乡语言表达的问题。不能上来就用体育专业术语进行教学,必须先以家乡人能够理解的语言表达,然后再逐渐使用专业术语,并要用家乡人能够接受的表述来解释专业术语。逐渐让老人从身体上、术语上理解体育活动。坚持一段时间后,村庄体育文化就会慢慢显现。L 村和 W 村广场舞的调查显示,妇女们已经会用专业术语了,例如她们会说"十字步""登山步""民族舞""现代舞"等这些术语。这就证明体育文化的接受是一个渐进的过程。

四、体育观念的形成

无论何种体育运动,技能的学习都是需要付出一定体力的,都带有某种程度上的身体折磨和心理煎熬。初学者需要一定的外在强制力进行约束,以保证运动技能的娴熟掌握以及运动快感的产生。必须让参与者在运动中或者运动后获得快感或达到运动成瘾的程度,参与者才会主动去参加运动,这样,参与者就算是典型的体育人士了。但将一个没有体育习惯的村民老人,转变为体育人士,是需要工作者进行监督执行的。

获得体育习惯的前提是掌握运动技能,掌握了运动技能才愿意参与体育运动。而且运动技能越高的人,他在与人竞技的过程中,成就感也就越高。而很多没有运动习惯的人,主要还是没有掌握运动技能,或者运动技能水平过低,无法获得成就感。就农村老人来说,大多数人没有运动技能,更不要奢谈高水平运动技能了。因此,发展农村体育运动,首先还是要派专业人士到村庄培训一些项目的基本运动技能,让老人掌握了之后,逐渐自行主动参与体育运动。农村老人之所以不参与体育运动,实际上跟他们不会运动有着直接关系。

实际上,所有的习惯养成都是需要时间的,抽烟也是在最初苦涩的难受阶段上,一步一步成瘾的,喝酒亦是在当初辣味的刺激下,一步一步上瘾的。而体育锻炼习惯更是如此,需要初期一段艰难时间的煎熬。人们不想戒除烟酒,是因为烟酒的戒断会导致身体的不适;而人们不想参与体育活动,是体育活动初期带来的某种不适感。尽管老人知晓烟酒与体育锻炼两者的利弊关系,但由于自身不能克服不适感的困扰,所以,宁愿危害自己也不愿意有益自己。这是老人的一种矛盾思想,在调查中得到多位老人的证实。如何让老人改变已有生活方式,则成为体育活动进入老人生活的重要方面。当然,一些问题的出现,改变了老人对烟酒的态度,如疾病的发生促使某些老人戒掉了几十年的抽烟习惯。一些潜在的生活危险,使得老人戒掉了喝酒。然而,当前村庄还有很多老人仍然坚持抽烟喝酒。打麻将在村庄并不是所有老年人既有的习惯,有些老人是退休之后才养成的习惯。这种新习惯的养成,值得探讨。与体育锻炼相比,老人也明知道打麻将是有害健康的,但他们还是选择了打麻将。这就是非常有意思的问题。这足以说明村庄本就存在打麻将的风气,这种风气就是一种结构性力量。而村庄本就没有体育锻炼的风气,也就是说,村庄没有体育文化的结构性力量。因此,笔者以为,是应该改变村庄风气的时候了。

在农村地区,还有一些老人持有"有钱就是福,祈求神灵保平安"的观念。毋庸置疑,经济是生存的首要保障,老人担忧经济问题,无可非议。但在当前村庄老人的家庭情况来看,基本的生活问题大部分还是得到了解决。应该通过锻炼身体来保持健康。而且,还有一些老人会在家或去寺庙求佛拜神等,来祈求自身晚年幸福平安。无疑,这种中国式信仰可能会带来某种程度上的精神慰藉,但身体健康不通过一定形式的身体锻炼是不行的。

基于此,村庄老人的身体健康观念的问题,就需要文化工作者和体育工作者,在乡政府和村委会的支持下,积极推进农村体育文化建设,努力改变村庄老人的传统落后观念。通过开展那些容易被老人接受的体育项目,让他们切身感受到现代体育的好处，引导他们从传统落后观念向现代体育观念转变。当然，笔者并不是说，所有传统观念都是有问题的，事实上，不少传统观念是非常值得传承的，例如家庭道德伦理、勤俭节约行为等，都是现代人应该继续学习的。但针对那些已经无数次证明是错误的思想，是必须要进行割除的；否则，村庄老人的生活依然得不到改善，与城市社会体育文化发展的步调依旧不协调，进而影响整个国家体育文化建设，也影响全社会老年人的健康老龄化建设。因此，积极割除农村传统落后观念，是一件亟待解决的事情。

本章小结

本章重点讨论了三方面的内容。第一，发展农村体育意义深远。体育活动改变了村民的行动逻辑，重塑了村民的交流空间，激发了村民对美好生活的向往，重构了村民的自我认同和对时间意义的认识等。第二，当前是农村体育发展的好契机，原因是国家的政策好，而且村民也有了体育需求等。第三，发展农村体育的建议为：合理配备场地器材，体育项目要多元化推进，村庄要增加体育指导员，通过村庄能人建构体育活动群体，通过各种活动来维持村庄体育的活力，要转变村民的体育观念。

第七章　结论与讨论

前几个章节分析了农村老人的休闲、健康、体育理念,探讨了农村广场舞活动的兴起过程,并揭示了农村体育文化整体贫瘠的原因,最后提出了发展农村体育活动的对策和建议。本章将通过对前几个章节的整理,提炼出本研究的结论,并与相关理论以及现实问题展开探讨。

第一节　结　论

通过前述章节的整理分析得出如下结论:第一,对经济的顾虑阻碍村民的体育参与,经济条件的改善促进体育的参与,农村老人更是如此;第二,生存生活的体力使用逻辑不能等同于体育的体力使用逻辑;第三,体育参与有助于促进自我控制;第四,村庄能人对农村体育的发展起着非常关键的作用;第五,村庄结构对村庄体育发展起着很大的制约作用;第六,村庄建设能够促进村庄体育的发展。以下进行具体分析:

一、村民经济条件与体育参与

很多村民不愿意参加体育活动,尤其是农村老人对体育活动没有兴趣,大多数研究者都把理由归结到场地器材的不足之上。当然,场地器材是制约体育发展的重要原因,但有事实证明,在有场地器材的村庄中,不少村民仍然不去锻炼身体,例如 W 村就是如此。W 村是精神文明示范村,村内有健身广场和健身器材,但还是有不少老人不参与体育活动。通过调查得知,很多村民事实上根本就没有精力去参与体育活动。究其原因，是他们的经济能力阻碍他们去参与体育活动。他们要把更多时间和精力用在如何挣钱上面，而不是如何"玩耍"上。五个被调查村庄中，65岁以下的老人大多数还是要外出务工挣钱的，而65岁以上的老人也要种点菜，干干家务活等。这就说明，农村老人经济上是有后顾之忧的。相反，那些农村中老年妇女们之所以能够放心地跳跳广场舞，是因为她们的丈夫在外务工挣钱。她们没有经济压力，所以她们跳舞的积极性很高，甚至到了痴迷的程度。W村、L村、T村的很多阿姨们，就是如此。

农村老人也不是说"顽固"到完全拒绝体育活动。Y村胡国庆大爷家的经济条件好，几个儿子在城市收入较高，也都孝顺，所以，老爷子的养老金也就高。他在杭州儿子家生活时，就在当地小区的健身器材上，学会了锻炼身体。但从他的文化水平和其他条件等来看，他与村庄其他老人并无区别，唯一区别就是他有几个比较孝顺、富裕的儿子，这些年胡国庆大爷的经济收入提高了。所以说，经济条件的改善有助于提高体育的参与程度。

二、关于体力使用的生存生活逻辑与体育活动逻辑

从身体运动的视角看，所有的生存活动、生活活动、体育活动都以身体为载体，然而，三者对身体运动的内在逻辑是不同的。生存的身体运动内在逻辑指向是获取生存资料，身体会被当成工具进行使用，所以出现身体过度使用的问题比比皆是，到老年时身体留下的伤痛就是证明。生活的身体运用内在逻辑指向生存资料的安排问题，即以哪种方式进行生活。这种身体运用虽然不一定要求过度使用，但却常常因为人们的价值观导致其过度使用。例如，当人们有了一定经济收入之后，就会希望改善生活条件，这时候就要修建房屋。而这种事情也因为社会攀比的心理作用，导致人们在盖房问题上过度使用身体[①]，同样带来身体的伤痛。

———————————

① 这里的意思是，拼命挣钱盖好房子，也是要过度耗费身体的。

而体育的身体运动逻辑则是以主体为导向的,即认为身体运用需要以个体健康为中心。当然,也有因为要实现体育的社会属性,去过度使用身体的情况。这个方面,我们暂时不做过多讨论。重点讨论以健康为目的的身体运用逻辑。同样是身体负重现象,扛起一个麻袋去争取工钱和扛起一个麻袋去锻炼下肢力量是截然不同的,其中的身体运用方法、运用时间、运用控制等是不同的。体育是主动为身体服务的,而劳动是为其他目的服务的。但这种逻辑区分,尽管有些村民明白一些,但理解得并不深刻。虽然村民的手臂看起来肌肉也很发达,但整个身体的肌肉却极为不均衡,这就是劳动与体育锻炼的区别。体育是要全面锻炼身体的肌肉,而劳动是被动地发展了某些局部肌肉,甚至在劳动中伤害了某些肌肉,导致年老时肌肉出现严重劳损。另外,体育锻炼是有放松训练的,是有恢复训练的。而劳动却很少会有放松训练和恢复训练,充其量回家泡泡脚而已。过于疲劳时,休息两天而已,甚至农忙时,连休息时间也没有。

三、体育活动与自我控制

妇女参与广场舞运动是她们自我权利逐渐觉醒的过程。在此过程中,她们日渐开始控制自己的身体。以前的陈旧观念要束缚女性的身体,要求身体置放在家庭之内。而她们跳广场舞就是主动置放自己身体的行为,是让她们身体走出家门的一大步。她们在广场上扭动着她们的身体,释放着她们的激情,展示着她们身体的魅力。所以,广场舞的魅力大概不仅仅是单纯的肢体运动本身,还跟女性是否有权利支配自己身体、置放身体有关。广场舞可谓她们对身体主动控制的一个体现。

广场舞者跳过一段时间后,开始了自我印象管理。跳舞之前,大家穿衣服较为随便,而在跳过广场舞之后,妇女逐渐学会打扮自己。毋庸置疑,在广场上跳舞肯定意味着有很多的观众,那这种活动就无形中带有很强的表演性,而自我形象管理就显得非常重要。不但要规范自己的动作,而且要管理自己的衣着打扮,甚至有些妇女还要化妆。在 L 村采访那天傍晚,李花花阿姨先是请我们到村口饭店吃饭①,等一吃完饭,李阿姨快步买单之后告诉我们说,她要先回家一趟。后来得知,她回家换衣服去了,因为马上就要开始跳广场舞了。不一会儿她身着一身裙服兴致勃勃地走到我们面前,告诉我们广场舞马上就要开始了。看得出来,她很想向我们展示她的舞蹈。李阿姨说:"跳舞就要穿上裙子,因为裙子摆起来好看。"

体育活动无论运动量大还是小,毕竟是需要付出体力和脑力的,那么,在接受一项新的体育项目时,一般需要有一定的他律作为保障,即需要一些外在强制力来监督施行。在他律的过程中,让参与者慢慢掌握技术,慢慢感受技术掌握的成就感,逐渐完成技术的身体和心理适应,直到这些转化为学习者的自觉行为。这样参与者就会逐渐从他律向自律转化,即学习者日渐会自行主动练习这些动作。而对那些越是没有体育运动基础的人,需要他律的时间越长。但我们相信只要坚持,这个外在约束力一定会转化为自我驱动力,即转化为自觉行为。

四、村庄能人与体育发展

笔者在这项研究中调查了五个村庄,其中三个村庄开展有广场舞活动,而这些广场舞活动的发展都离不开村内的关键人物。W 村广场舞的发展是靠妇女主任陈宝香,L 村广场舞的发展是靠民间艺人赵连紫,而 T 村广场舞活动的开展是文艺爱好者张美香。陈宝香、赵连紫、张美香这三位广场舞领袖都可以说是村庄能人,是她们的能力和辛勤付出,才将村内广场舞活动发展起来。

张美香从小就对唱歌跳舞兴趣浓厚,也对自己的个人形象非常在乎。张美香说:"小时候,我就与村里小孩不同,人家的零花钱都用来买糖,买吃的,我都是买个头皮筋,买个头花。我喜欢美。还喜欢唱歌,跳舞。"可以说,张美香

---

① 李花花阿姨是笔者好友的朋友,所以,李阿姨对笔者非常热情,因此就一定要请笔者吃饭。

的这种个人特质奠定了她以后对广场舞热爱的基础。她应该说是属于非常喜欢文艺的那种人，所以为推动 T 村广场舞发展做出再多努力，也心甘情愿。

赵连紫多才多艺。赵连紫真是属于那种有艺术天赋的人，她对艺术的领悟和理解能力极高，从她学习广场舞动作就可见一斑。她能够躺在被窝里，一手拿手机看视频，另一手比画动作，居然三遍就可以学会动作。这是何等聪明的民间艺人啊！她对艺术的酷爱和执着，奠定了她推动 L 村广场舞开展的基础。为了做成这件事，她能够耐心教授那些不擅长跳舞的学习者；为了带领大家跳舞，她能够忍着膝盖疼痛做领舞。简言之，赵连紫作为村庄能人，为 T 村体育发展做出了很大贡献。

陈宝香聪明能干。虽然陈宝香不像赵连紫多才多艺，不像张美香那么喜欢文艺活动，但陈宝香是一位非常聪明能干的妇女主任。了解农村社会的人应该知道，在农村社会中，当好妇女主任可不是一件容易的事情。俗话说："三个女人一台戏。"而较为悠闲的农村妇女更是如此，正所谓"无事生非"嘛。然而，W 村村民对陈宝香的评价是很高的，可见，她绝对是一位既聪明又有魄力的妇女主任。因此，即使她没有才艺，也阻挡不住她把广场舞组织成功，因为她是一位村庄能人。

"政府不可能解决农民的所有问题，在当前政府以资源输入为主要方式的村庄治理过程中，要加强基层组织建设，激发群众参与基层治理的积极性，尤其要善于挖掘和利用村庄内部'积极分子'的力量，依靠群众的智慧和力量解决群众的问题。"[1]

五、社会结构与村民体育观念

在调查中发现，当前村庄的生活方式有些方面已经接近城市，例如一位好友请笔者去村内饭店吃饭，而不是在家吃饭。这一点令笔者有些惊讶。仔细

---

[1]　李永萍.村庄治理的出路[J].中国老区建设,2016(11)：20.

观察发现,村内的商业发展已经远远超过十年前的农业社会,很多商品出现在村内。村民之间的经济理性逐渐取代传统农业社会之间的人情交换。从这个角度看,村民对广场舞的接受就能够理解了。因为村庄在发生城市化的变化,而广场舞是其中之一。为什么这样说呢?广场舞是需要跳舞者有一定现代性和开放性的,而这两点正是城市化的重要内涵。如果村内社会结构不发生一点变化,还是那种典型的农业社会结构,男人居主导地位的状况,女人是不敢出去跳舞的。

村民不仅在自己所在村庄跳舞,有时候还要跑到其他村庄和镇上跳舞。由此可见,跳舞者已经具有社会交流的需求,这进一步反映出当前村民的开放思想。也正是村民的这种开放思想,才导致广场舞的发展和推进。

调查发现,精神文明示范村的广场舞者不仅有本村村民,而且还有周围村庄的人,可见,农村人口还是很少。笔者对农村观察最大的印象就是,平时村内人口过少。在这种村民极少的村内,事实上很难搞起有组织的体育活动。

从社会学的视角看,每个人的行动逻辑势必会受到社会结构的制约,广场舞者的社会行动亦会受到社会结构的影响。从理论分析的角度我们可以将他们的行动逻辑分为:行为内敛,传统社会结构束缚;尝试突破自我,挑战传统社会结构束缚;展示自我,适应新的社会结构。

六、村庄建设与体育发展

笔者调查的五个村庄中 W 村和 L 村是精神文明建设村,村庄得到了上级政府经济的大力支持。在 W 村,村内道路全部硬化,干净整洁,有专人打扫卫生。村内邻街房子的外墙壁经过了统一粉刷,墙壁绘有多种图案和宣传语。村庄修建有标准不亚于市区内的公共卫生间。安装了整齐划一的路灯,路灯规模也不亚于市区内标准。总之,走入 W 村,感觉仿佛到了"世外桃源",风景秀丽,景色宜人。而且,在人口不多、面积不大的村庄竟然修建了两块健身休闲广场,广场的周边是一圈座椅,广场上配有专门插电的设备,方便广场舞舞者放音响使用。广场边上还设置了多种健身器材。

据调查显示,W村作为精神文明建设村庄,体育活动是搭着建设精神文明示范村的便车而发展起来的。尽管上级政府不是要刻意发展农村体育活动,但事实上却实实在在推动了W村体育活动的开展。虽然村庄暂时仅仅广场舞活动较为活跃,其他体育活动发展仍然极为缓慢,但毕竟村庄的体育场地器材得到改善,村庄的体育之火已经点燃。

第二节 讨 论

一、相关理论探讨

农村体育落后经济论、农村体育落后政策论、农村体育落后文化论、他组织理论、自组织理论、利益集团理论、双三赢理论等,为笔者观察农村体育提供了有益的视角借鉴。已有农村的社会文化理论、家庭关系理论以及家庭代际冲突理论等方面的文献,为笔者理解村民的生活世界提供了帮助,为进一步理解村民的体育态度奠定了坚实的基础。以下我们进行具体分析。

毋庸置疑,农村体育落后经济论是非常有说服力的理论观念,正所谓"经济基础决定上层建筑"。毫无疑问,农村的体育场地器材的缺失大多是由于经济条件的落后所致,同时,村民的经济条件差也是阻碍他们参与体育活动的原因。在没有外在经济支持的情况下,在村民自身经济不足的情况下,显然对促进农村体育发展是非常艰难的。相比城市体育的财政支持力度,农村体育的财政支持力度是不够的。也就是说,体育的发展倾向于城市而不是农村,导致农村体育发展长期得不到重视。事实上,农村体育落后经济论与农村体育落后政策论的内涵非常相似,即都是以经济支持作为实质性的内容表现在体育发展中。而农村体育落后文化论则主要从文化层面来论述体育的建设发展,其与经济和政策有着密切的关系。文化一旦形成,就会具有相对稳定的特征,即人们将某种行为内化到自觉行动中。农村体育文化浓厚与否，是反映农村体育发展程度最为深刻的方面。笔者以为，农村体育落后经济论、农村体育落后政策论、农村体育落后文化论，三者是一个问题的三个侧面。政策支持农村体育发展了，那么，经济支持就会跟上；经济支持跟上了，场地器材等设置就跟上了，这是农村体育的根基。而物质条件具备了，只要组织者给予积极调动，体育活动的推进就比较容易了。而随着体育活动时间的延长，农民的体育习惯就会慢慢养成，农村体育文化就日渐形成了。因此，概言之，上述三种理论只是一个问题的不同面向而已。

他组织理论与自组织理论意在说明农村体育群体是应该自发发展还是被发展的过程，换言之，是由下而上发展还是由上而下发展。一般而言，自组织是成员自己主动自觉地参与到群体中，成员之间通过长期互动彼此磨合妥协，形成了大家彼此能够接受的组织章程，达到一种相对稳定的结构状态。因为组织成员之间自行协商章程，所以，他们心甘情愿接受约束。时间久了，他们也就不觉得章程是一种外在强制力。而他组织则是成员之外的人给予的要求所成立起来的群体。而且，组织规则也是由组织外成员拟定。这样就会导致成员并没有充分表达他们的意愿，遵守章程有一种被动的感觉。事实证明，体育自组织更具有生命力，他组织往往会出现因外界有力支持者退出之后，导致组织出现问题的情况。就本研究的两个村庄的广场舞组织过程来看，一般都是他组织和自组织的结合。起初，广场舞群体由政府发动，由村庄政治精英或者社会精英来具体推动，而一旦组织起来之后，基本上就成为自组织形式，即由跳舞者自行管理日常事务。笔者以为，这种发展模式较为人性化，得到了村民的喜爱。农村广场舞的良好发展就是雄辩的证明。

二、现实问题讨论

广场舞在农村的兴起，似乎让我们看到了农村体育发展的希望，但农村人口的稀少，还是让我们感觉到农村体育发展的后劲不足。就连广场舞阿姨们都不满足于在本村跳舞,而要经常到附近镇上跳舞,甚至跑到县城广场跳舞。需要指出的是,T 村、L 村和 W 村的广场舞队伍中,经常有其他村的村民来跳舞,上述三个村庄的舞者也到其他村庄去跳舞。调查得知,是因为单个村庄的人气不足。事实上,村庄的广场舞队伍人口结构中,除了本村的稳定人群外,就是附近村庄的流动舞者。T 村广场舞队伍中有二十多人是本村村民,其他七八十人来自附近村庄。所以说,农村体育的问题不仅仅是体育领域的问题,更多的是农村的其他社会问题所致。而最大的问题就是,当前农村人气严重不足,当然人气不足的深层原因是,农村经济发展严重滞后。因此,几乎所有青壮年都外出务工,留下老、弱、病、残、幼在农村生活。概言之,农村体育的发展是要依托于农村经济发展和社会发展基础之上才能真正发展,否则很难走远。精神文明示范村就是典型例证。政府要打造美好乡村,所以,体育搭上村庄整体发展的便车而有所发展。但笔者以为,农村的精神文明发展虽然是一件大好事,但对农村社会来说还是不足,还需要发展物质文明,否则村民依然不会回村长期生活的。也只有村民长期生活在村庄,才有可能启动各项事业,体育就是其中之一。

事实上,农村体育的激情和活力需要青壮年人的积极参与,他们的体育活动才是激烈而又热闹的,他们的体育活动才更具带动力。而仅仅依靠广场舞的活动是不足的,或者说,仅仅依靠农村老人的某些慢体育活动,难以让人体会到体育活动的激情。因此,农村的现实问题其实是,如何解决村庄经济发展的问题,如何将村民再度吸引回到村庄,让村庄共同体重现,让村庄社会再度健全起来。这样才能真正发展农村体育。W 村的健身广场不可谓不漂亮,健身器材不可谓不丰富,可就是没有多少人去玩。笔者走到村庄就看不到几个人,让谁去健身呢?

三、研究贡献与不足之处

（一）研究贡献

本研究主要运用深度访谈法和观察法，对村民进行了较为详尽的调查。通过走进村民的生活世界来揭示他们的行动逻辑，并从社会结构的层面做出解释。既有的关于农村体育的研究文献，可谓浩如烟海。有关于农村体育现状的研究，有关于农村体育发展制约因素的研究，有关于农村体育发展策略的研究；有理论层面的研究，也有经验层面的研究。整理既有文献发现，尽管从社会学视角研究农村体育的文献也非常多，然而，系统地从社会学理论层面进行深入研究的著作比较少见，文献多见于一些文章之中。而且，这些文章的理论性还不是很强。基于此，笔者以为此项研究是对农村体育从社会学学科角度的一次系统探讨。

（二）不足之处

尽管本研究深入到五个村庄进行历时数月的调查，对农村体育贫瘠的原因也进行了分析，但笔者仍然觉得对提出的农村体育发展策略不满意。当然，既有研究都已经提出诸多良好建议，但农村体育状况依然未有太大改观。由此可见，农村体育的发展问题恐怕不仅仅是体育领域本身的问题，更是牵涉到农村社会发展方方面面的问题。因此，笔者以为本研究的不足之处就是，研究视线不够开阔，希望在以后的研究中能够弥补这一缺憾。

参考文献

一、著作

[1] 陈艳.农村老年人精神卫生资源配置与利用研究[M].北京：中央编译出版社,2017.

[2] 蔡向红.广场舞健康跳[M].北京：科学技术文献出版社,2016.

[3] 崔红志,李越,朱林.农村老年人口生活质量研究：基于对江苏省姜堰市坡岭村的调查[M].北京：中国社会科学出版社,2016.

[4] 丁士军,陈传波.经济转型时期的中国农村老年人保障[M].北京：中国财政经济出版社,2005.

[5] 费孝通.乡土中国 生育制度[M].北京：北京大学出版社,1998.

[6] 方静文.幸福守门人：中国农村老年人精神健康促进模式探索[M].北京：知识产权出版社,2016.

[7] 付东,肖进勇.改革·发展·探索：四川省农村中小学体育课改理论解析与实践指导[M].成都：电子科技大学出版社,2014.

[8] 郭永芳.农村劳动力迁移与留守老人的生存状况[M].北京：经济科学出版社,2013.

[9] 黄勇军.喧嚣的个体与静默的大众：广场舞中的当代中国社会生态考察[M].北京：中国社会科学出版社,2015.

[10] 胡庆山.新农村建设背景下我国村落农民体育的理论与实证研究[M].北京：北京体育大学出版社,2011.

[11] 胡东华.如何保障农村老年人的权益[M].北京：中国财政经济出版社,2011.

[12] 贺寨平.社会网络与生存状态：农村老年人社会支持网研究[M].北京：中国社会科学出版社,2004.

[13] 孔庆波,唐建忠.农村体育发展与管理[M].北京：人民体育出版社,2015.

[14] 李国珍.新农保体制下农村老年人养老研究[M].北京：世界图书出版公司,2013.

[15] 李欣.中国高龄老人生活方式与健康自评的相关因素研究[M].北京：社会科学文献出版社,2005.

[16] 李强.大国空村：农村留守儿童、妇女与老人[M].北京：中国经济出版社,2015.

[17] 粟金涛.湖南农村学校体育现状研究[M].哈尔滨：哈尔滨地图出版社,2011.

[18] 刘林箭,张毅.新农村体育指导[M].成都：四川大学出版社,2008.

[19] 刘巍.新农村体育事业发展问题研究[M].北京：中国物资出版社,2009.

[20] 卢兵,华志等.民族地区农村体育制度研究[M].北京：世界图书出版公司,2012.

[21] 卢文云等.新农村建设背景下西部农村体育发展研究[M].成都：电子科技大学出版社,2012.

[22] 梁日忠.民族地区农村体育仪式化与农村社会整合[M].北京：北京体育大学出版社,2017.

[23] 宁泽逵.中国农村老人劳动供给研究[M].北京：经济科学出版社,2015.

[24] 乔超.农村代际冲突中老人行动方式变迁研究：以安徽省 S 县 Y 村

为例[M].北京：中国社会科学出版社,2015.

[25] 邱建钢,赵元吉,王莉丽.多元经济背景下构建川渝两地农村体育公共服务体系的路径探索[M].成都：电子科技大学出版社,2012.

[26] 曲海英.城镇化进程中农村老年人心理健康与心理需求[M].北京：人民卫生出版社,2015.

[27] 人民体育出版社.农村体育工作经验选编[M].北京：人民体育出版社,1973.

[28] 孙刚.城镇化进程中农村体育研究[M].北京：中国言实出版社,2013.

[29] 宋秀丽.新型农村社区体育研究：以东尉社区为个案[M].北京：北京体育大学出版社,2011.

[30] 田媛,肖伟.新型城镇化背景下我国农村体育发展方式及实现路径研究[M].北京：国家图书馆出版社,2017.

[31] 谭学彪.苏北地区新农村体育建设研究[M].徐州：中国矿业大学出版社,2009.

[32] 涂传飞.农村民俗体育文化的变迁：一个村落舞龙活动变迁的启示[M].北京：北京体育大学出版社,2011.

[33] 吴彤.自组织方法论研究[M].北京：清华大学出版社,2001.

[34] 吴湘军,宋彩珍.湘鄂渝黔边民族地区农村体育研究[M].长沙：国防科技大学出版社,2008.

[35] 伍小兰.我国农村老年人口福利状况研究[M].北京：中国社会出版社,2009.

[36] 韦璞.农村老年人社会资本对生活质量的影响：一个贫困社区老年人的生活状态[M].北京：经济科学出版社,2009.

[37] 王萍,李树苗.农村家庭养老的变迁和老年人的健康[M].北京：社会科学文献出版社,2011.

[38] 王晶.找回家庭：农村代际合作与老年精神健康[M].北京：社会科学文献出版社,2016.

[39] 王习明.农村老年人福利保障研究[M].武汉：湖北人民出版社,2007.

[40] 奚凤兰,高中玲,杜志娟.生态文明背景下我国农村体育文化建设研究[M].西安：西安交通大学出版社,2017.

[41] 薛孝恩,荆永根.农民体育活动与农村体育管理[M].北京：中国社会出版社,2006.

[42] 薛明陆.新农村社区体育共生发展模式研究[M].北京：中国社会科学出版社,2017.

[43] 薛誉.新农村建设中民俗体育文化发展研究[M].长春：东北师范大学出版社,2013.

[44] 薛元坤.农村老人健康自助[M].北京：人民卫生出版社,2016.

[45] 肖卫中.农村综合体育项目[M].南宁：广西人民出版社,2010.

[46] 徐新献,江领群.健康中国行之健康科普知识进农村丛书：老人常见病防治[M].北京：人民卫生出版社,2017.

[47] 衣俊卿.现代化与文化阻滞力[M].北京：人民出版社,2005.

[48] 余志琪.农村体育与健身[M].兰州：甘肃民族出版社,2009.

[49] 于保荣,高静,于龙凤.农村老年人日常生活照顾服务需求与供给研究[M].济南：山东大学出版社,2012.

[50] 杨思斌.也盼乡村夕阳红：我国农村老年社会保障制度研究[M].北京：中国社会出版社,2012.

[51] 杨宗传,徐云鹏.农村城市老年人生活方式[M].武汉：武汉大学出版社,1989.

[52] 叶敬忠,贺聪志.静寞夕阳：中国农村留守老人[M].北京：社会科学文献出版社,2008.

[53] 郁俊,王小娟.新农村多元化公共体育服务模式研究[M].北京：人民体育出版社,2012.

[54] 张文娟.劳动力外流背景下的中国农村老年人家庭代际支持研究[M].北京：中国人口出版社,2008.

[55] 张小林.我国农村体育公共产品供给制度分析与创新[M].北京：民族出版社,2014.

[56] 张国平.农村老年人居家养老服务体系研究[M].北京：中国社会科学出版社,2015.

[57] 张玲燕.农村体育场地供需矛盾与有效供给研究[M].北京：北京体育大学出版社,2016.

[58] 张道荣.新时期我国农村体育的发展[M].哈尔滨：哈尔滨地图出版社,2009.

[59] 赵红梅.农村生活伦理读本：老年妇女篇[M].贵阳：贵州大学出版社,2011.

[60] 赵斌,俞梅芳.浙江农村老年宜居环境研究[M].北京：中国建筑工业出版社,2017.

[61] 赵晓红.城镇化进程中农村体育变迁研究[M].长春：吉林大学出版社,2015.

[62] 翟元,杜长亮,刘志敏.农民体育健身工程与新农村体育发展[M].南京：河海大学出版社,2014.

[63] 周君华.农村老年人体育生活方式及服务保障研究[M].北京：中国文史出版社,2014.

[64] 周绍斌.农村人口老龄化与老年保障研究[M].北京：中国人口出版社,2003.

[65] 郇昌店.城镇化进程中我国农村公共体育服务发展模式研究[M].北京：北京体育大学出版社,2013.

[66] 朱家新.新时期农村体育发展理论与实证研究[M].合肥：安徽大学出版社,2010.

[67] 朱爱文.新农村建设视野中苏州新区农村体育建设研究[M].南京：南京农业大学出版社,2008.

[68] 臧留鸿.新疆少数民族传统体育项目开发与推进新农村体育文化建设研究[M].乌鲁木齐：新疆人民出版社,2014.

[69] 郑寿贵,黄礼兰.农村居家养老健康促进丛书：老年人健康顾问[M].北京：人民卫生出版社,2016.

二、期刊

[1] 曹永跃.对我国农村体育发展落后的因素分析[J].甘肃农业,2005(7).

[2] 陈婧.三圆导引站桩对中老年人体质的影响[J].运动,2016(5).

[3] 程志理.社会竞争意识：体育与时代的契合点：九十年代体育思考之五[J].天津体育学院学报,1991(2).

[4] 杜彩凤,孟明亮.山西省农村广场舞开展状况调查[J].体育研究与教育,2016,31(2).

[5] 董宏伟.基于利益集团理论的农村体育资源短缺问题研究[J].吉林体育学院学报,2007,23(2).

[6] 顾骏.广场舞联盟：草根社会组织的生存与发展[J].体育科研,2017(3).

[7] 高春凤.标签理论视角下流动人口融入城市问题研究[J].农业考古,2011(6).

[8] 高琳.社会学研究与迪尔凯姆《自杀论》的典范意义[J].辽东学院学报(社会科学版),2008(1).

[9] 高杏杏.如何有效推进农村广场舞的发展[J].大众文艺,2018(2).

[10] 郭庆.农民工体育贫困状况与精准扶贫策略研究：基于城市融入视

角的实证分析[J].武汉体育学院学报,2017,51(5).

[11] 黄章宏.社会资本再建构:广场舞的潜功能分析:基于四川 X 村广场舞的实证研究[J].四川体育科学,2017(3).

[12] 韩国明,齐欢欢.农村"女性精英"广场舞领导与村委会竞选分析:动机、能力与机会:基于甘肃省 16 个村庄的实地调查访谈[J].贵州社会科学,2017(2).

[13] 胡建梅.农村老年人养老问题分析及对策[J].劳动保障世界,2018(6).

[14] 胡全柱.体育社团合法化机制研究[J].河南师范大学学报(哲学社会科学版),2009,36(2).

[15] 胡全柱,乔超.信任社会:一个社会形态的理想类型[J].武汉理工大学学报(社会科学版),2014,27(2).

[16] 侯晋龙.竞赛表演业发展的社会背景分析[J].浙江体育科学,2005(1).

[17] 焦宇锋.社会竞争与体育运动[J].体育与科学,1993(5).

[18] 李永萍.村庄治理的出路[J].中国老区建设,2016(11).

[19] 李洁明,闵桂珍.广场舞在滁州市农村地区发展现状与分析:以桐城镇为例[J].安徽体育科技,2015,36(4).

[20] 李文川,肖焕禹.体育生活方式的概念界定及其范畴结构[J].上海体育学院学报,2010,34(3).

[21] 林晓,李辉婕,林超.关于我国农村养老体系现状的研究综述[J].经贸实践,2017(23).

[22] 罗青琴.我国农村体育研究综述[J].吉林体育学院学报,2014,30(2).

[23] 刘胜.我国农村体育人口偏少的成因及对策研究[J].武汉体育学院学报,2002,36(3).

[24] 廖文豪,任玉梅,桂晓艾.老龄化进程中川东贫困农村老年人体育生

活方式实证研究[J].四川体育科学,2017,36(4).

[25] 吕勇.简评标签理论[J].心理学探新,1992(2).

[26] 毛占洋.生态系统理论视域下我国农村老年人体育锻炼影响因素分析[J].山东体育科技,2014,36(3).

[27] 孟凡强等.农村体育文化建设的价值诉求[J].首都体育学院学报,2011(2).

[28] 马进,田雨普.和谐社会构建中城乡群众体育统筹发展的思考[J].西安体育学院学报,2009(6).

[29] 潘跃林,贾玉科.普通学校特殊群体体育教育的连续性研究：基于"教育公平"与"生命历程"视阈[J].山东体育科技,2016,38(4).

[30] 潘泽泉.社会分类与群体符号边界：以农民工社会分类问题为例[J].社会,2007(4).

[31] 钱巧霞等.中国农村老年人生活状况及其思考[J].中国农村卫生事业管理,2011(2).

[32] 乔超.超验抑或经验：传统武术文化现代转向的社会学研究[J].体育文化导刊,2017(5).

[33] 乔超.体育运动中的身体问题研究[J].体育文化导刊,2017(2).

[34] 乔超.论跑步中的舒适感与意志力[J].新西部(理论版),2016(24).

[35] 乔超.从丰富身体文化的视角看传统武术[J].体育文化导刊,2016(7).

[36] 乔超.竞技体育：社会竞争逻辑的折射与延伸[J].体育科技文献通报,2014,22(8).

[37] 乔冉.体育与戏剧的边界：与社会表演学家孙惠柱教授的对话[J].体育科研,2017,38(5).

[38] 曲辉,周倩云,曹振兴,等.运动成瘾影响因素的非条件 Logistic 回归分析[J].天津体育学院学报,2015,30(5).

[39] 曲庆云.自杀：从个人行为到社会事实——读 E.迪尔凯姆的《自杀论》[J].社会学研究,1994(2).

[40] 任保国,张宝荣.建设新农村与构建和谐社会中发展农村体育文化探析[J].体育与科学,2007(1).

[41] 宋杰.城乡群众体育协调发展的理论探讨及对策分析[J].体育与科学,2009(2).

[42] 孙璐.迪尔凯姆《自杀论》的当代反思[J].理论月刊,2011(8).

[43] 谭延敏,张铁明,胡庆山,等.农村自发性体育活动群体组织识别的实证研究[J].体育科学,2009,29(1).

[44] 谭小勇.湖南省城郊富裕乡村体育现状研究[J].北京体育大学学报,2002(5).

[45] 唐凯.体育艺术表演社会实践能力的培养与评价研究[J].运动,2015(5).

[46] 唐伟,张大志.解构与重构：农村体育发展中文化环境的影响研究[J].体育科技,2017,38(3).

[47] 王朝群.农民体育：一个沉重的话题[J].山东体育学院学报,2003,19(2).

[48] 王文文.农村养老现状及发展对策探究[J].中国农村卫生,2017(23).

[49] 王怡红.围观研究初探[J].新闻与传播研究,2013,20(8).

[50] 王千霓.污名与冲突：时代夹缝中的广场舞[J].文化纵横,2015(2).

[51] 王芹,齐书春,周曰智.生命历程视野下青少年体育健康素养研究[J].山东体育学院学报,2015,31(4).

[52] 王大方等.八段锦、太极拳、广场舞、健身行走预防老年人跌倒的效果[J].上海医药,2017(8).

[53] 王建军,朋文佳,赵红云.体育锻炼对医学院校大学生自信心的影响[J].蚌埠医学院学报,2017,42(4).

［54］王丽慧.关于淮安市农村老年居民体育参与的研究［J］.赤峰学院学报（科学教育版）,2001,3(9).

［55］王衍榛.农村空巢老人公共体育服务组织保障体系研究［J］.体育文化导刊,2014(7).

［56］王培娥.广场舞对农村群众文化建设的作用初探［J］.戏剧之家,2016(5).

［57］汪文奇.我国老龄化社会进程中老年人体育生活方式的研究［J］.北京体育大学学报,2004(8).

［58］汪广华.述评戈夫曼的社会拟剧理论［J］.连云港师范高等专科学校学报,2001(3).

［59］吴家发.浅谈广场舞在农村的兴起［J］.安徽农学通报（上半月刊）,2012,18(5).

［60］吴振华,田雨普.关于中国农村体育若干问题的断想［J］.体育文化导刊,2005(6).

［61］吴松初."文化震惊"与中西自我价值观取向差异［J］.广东民族学院学报（社会科学版）,1994(3).

［62］武冬,熊开宇,宋渊.形意拳三体势站桩肌电变化研究［J］.北京体育大学学报,2012,35(4).

［63］谢松林,李薇.运动成瘾研究述评［J］.体育学刊,2007(4).

［64］谢冬,尤家勇.广场舞与农村老年人体育融合发展研究［J］.体育文化导刊,2017(4).

［65］肖海婷.珠三角农村留守老人体育锻炼行为特征及影响因子研究［J］.广州体育学院学报,2013,33(4).

［66］肖海婷等.广东省河源市坡头镇农村留守老人体育锻炼的比较研究［J］.惠州学院学报（自然科学版）,2015(3).

［67］肖海婷.体育锻炼干预对珠三角农村留守老人心理健康的影响［J］.

体育学刊,2013(4).

[68] 邢文涛,郑国华,祖庆芳.从宗族到能人：农村体育治理主体的嬗变[J].武汉体育学院学报,2016,50(10).

[69] 薛希良.村庄火了广场舞[J].山东人大工作,2015(11).

[70] 薛鹏等.皖北城乡老年人体育行为的对比研究[J].滁州学院学报,2011,13(2).

[71] 徐富明,李燕,邓颖,等.正念禅修与成瘾行为[J].心理科学进展,2016,24(6).

[72] 徐义强.话说文化[J].华夏文化,2007(2).

[73] 熊禄全,张艳玲,孔庆波.我国农村公共体育场地有效供给研究[J].体育文化导刊,2018(2).

[74] 夏翔鹰,仇乃民,王欣.新农村广场舞运动开展现状与对策研究：以江苏部分农村为例[J].湖北体育科技,2014,33(11).

[75] 姚磊,田雨普.新农村建设进程中农村体育文化服务体系研究：以安徽省为例[J].中国体育科技,2014,50(3).

[76] 姚磊,田雨普,余涛.文化强国战略下农村体育文化服务供给的困境与建议[J].上海体育学院学报,2012,36(3).

[77] 姚玉琴.论小学生自信心培养与体育教学[J].科技信息,2010(22).

[78] 杨小明.城乡群众体育统筹发展的内涵辨析[J].体育成人教育学刊,2009(5).

[79] 杨君等.表演的习惯：广场舞群体的生活方式变迁与自我呈现[J].天府新论,2017(2).

[80] 余涛,涂传飞,余静.村落体育生活方式的百年变迁及启示[J].上海体育学院学报,2011,35(4).

[81] 张丰.文化与制度变迁理论与农村体育改革[J].南京体育学院学报,2012,26(4).

[82] 张丽.广场舞在金川区农村的兴起[J].发展,2014(3).

[83] 张红坚,段黔冰.农村体育组织方式选择与农村体育组织建设：基于自组织理论视角[J].北京体育大学学报,2009,32(2).

[84] 张庆武.农村体育发展的理论窠臼与实践反思：基于对 X 自然村村民非身体活动的行为考察[J].体育与科学,2016,37(3).

[85] 张杰.组织理论视角下新农村体育的嬗变：以四川珙县农村体育兴衰为例[J].吉林体育学院学报,2016,32(4).

[86] 张杰,孙晓萍.具象化、类社会互动和群体边界：媒介"女性"范畴的现实生产机制研究[J].现代传播(中国传媒大学学报),2015,37(2).

[87] 张海霞,刘治国.健康老龄化中农村体育健身现状的思考[J].运动,2018(1).

[88] 张义峰,李文辉.老龄化社会背景下我国农村老年人体育发展对策研究[J].贵州体育科技,2009(4).

[89] 张永军,铉令强,刘文娟.新农村建设中体育健康保障制度与中年人生命历程关系探讨[J].南京体育学院学报(社会科学版),2010,24(4).

[90] 张瑞,郭海申.运动成瘾的生理学机制研究评述[J].延边大学学报(自然科学版),2009,35(1).

[91] 翟向阳,魏玉龙.禅修的心理学分析与中医养生[J].中医学报,2012,27(8).

[92] 郑志强.我国城乡体育统筹发展理论研究综述[J].体育研究与教育,2016,31(1).

[93] 赵翠媛.浅谈广场舞在农村的推广与引导意义[J].民族音乐,2015(2).

[94] 周静,丁琳依,崔丽娟.群体边界渗透性和群体地位合理性与归属感：歧视感知的中介[J].心理技术与应用,2017,5(4).

[95] 朱志东.站桩在武术训练中的作用研究[J].武术科学(搏击·学术

版),2004(6).

[96] 朱志平.体育教学中如何培养学生的自信心[J].福建体育科技,2005
(6).

三、学位论文

[1] 冯梅君.农村广场舞的人际传播研究[D].兰州：兰州大学,2017.

[2] 傅振磊.中国农村体育现代化研究[D].苏州：苏州大学,2011.

[3] 焦卫宾.我国新农村体育服务体系中的农村学校体育发展[D].福建：
福建师范大学,2008.

[4] 李杰.人口老龄化形势下农村老年体育锻炼情况的调查研究[D].武
汉：武汉体育学院,2015.

[5] 路阳.舞动乡村：关于华北农村广场舞的传播网络与过程—事件研究
[D].上海：上海大学,2015.

[6] 梁日忠.农村体育赛事文化社会整合作用理论与实证研究[D].北京：
北京体育大学,2013.

[7] 刘梅英.中国工业化进程中农村体育问题研究[D].南京：南京师范大
学,2011.

[8] 马超.中国家庭代际关系变化研究[D].吉林：吉林大学,2007.

[9] 庞英.广场舞锻炼对农村妇女身体自尊与主观幸福感的影响[D].四
川：四川师范大学,2017.

[10] 戚曼.皖北地区城市和农村广场舞发展现状比较研究[D].陕西：陕
西师范大学,2015.

[11] 孙江山.关于农村广场舞的潜功能研究[D].河北：河北大学,2015.

[12] 童艳.老龄化社会背景下农村空巢老人体育生活方式研究：基于赣
东北地区的实证调查[D].南昌：南昌大学,2017.

[13] 王珍珍.广场舞在山东省新农村开展与推广的研究[D].山东：山东

体育学院,2017.

[14] 张小林. 我国农村体育公共产品供给制度分析与创新[D].湖南：湖南农业大学,2010.

[15] 张淑娜. 聊城市农村留守老人体育参与的社会支持研究[D].山东：山东师范大学,2013.

[16] 张玉钰. 农村广场舞发展现状与对策调查分析[D].江西：江西农业大学,2016.

[17] 朱风书. 体育锻炼提升大学生自我控制能力及其大脑加工特点的研究[D].上海：上海体育学院,2015.

[18] 郑宇. 统筹城乡视野下的中国农村体育发展研究[D].北京：北京体育大学,2012.

[19] 赵元元.丈夫进城之后[D].北京：中央民族大学,2011.

四、报纸

[1] 樊亮轩,李晓平. 喜欢做运动,厦门老人身体倍棒[N].厦门日报,2005-10-11(A07).

[2] 郭德全. 推动农村老年体育事业蓬勃发展[N].中国老年报,2012-09-04(1).

[3] 郭思. 破解农村老年体育难点[N].中国体育报,2007-05-11(8).

[4] 李永杰. 广场舞舞出冀中农村新风尚[N].中国社会科学报,2015-02-27(A05).

[5] 李劲元.乡村广场舞引领农村文化新时尚[N].中国县域经济报,2014-10-20(3).

[6] 李永萍. 农村广场舞映射出的公共文化需求[N].中国县域经济报,2016-03-21(3).

[7] 邵其珍. 发展农村体育事业 让"沉睡"的器材动起来！[N].兰州日

报,2016 - 05 - 17(2).

[8] 苏锐. 文化惠民何不从农村广场舞着手[N]. 中国文化报,2014 - 07 - 22(2).

[9] 王悠然. 群体边界划分有利于思想传播[N]. 中国社会科学报,2015 - 06 - 29(A03).

[10] 殷士善. 我市农村老年体育事业蓬勃发展[N]. 赣南日报,2013 - 08 - 07(6).

附　录

被采访对象基本情况

编号	姓名	性别	年龄	所在村庄	文化程度	政治面貌	曾任职务	现任职务	采访次数
1	胡庆有	男	70	Y村	小学三年	群众	无	无	3
2	夏翠翠	女	68	Y村	文盲	群众	无	无	2
3	王大梅	女	50	Y村	初中一年	群众	无	无	2
4	赵莲花	女	49	Y村	初中三年	群众	无	妇女主任	3
5	张笑天	男	51	Y村	高中一年	党员	无	村主任	2
6	李国庆	男	71	Y村	文盲	群众	生产队长	无	2
7	马宝林	男	40	Y村	高中二年	群众	无	无	1
8	范玲秀	女	66	Y村	小学一年	群众	无	无	1
9	裴向前	男	73	Y村	小学一年	群众	无	无	1
10	胡国庆	男	77	Y村	文盲	群众	无	无	2
11	文肇庆	男	68	W村	文盲	群众	生产队长	无	2
12	陈宝香	女	48	W村	初中二年	党员	无	妇女主任	2
13	李珍珍	女	71	W村	小学一年	群众	无	无	1
14	丁大鹏	男	52	W村	高中一年	群众	无	村主任	2
15	刘秀秀	女	50	W村	初中二年	群众	无	无	1
16	刘海军	男	53	W村	初中三年	群众	村医	无	2
17	吴翠梅	女	70	W村	文盲	群众	无	无	1
18	苏小鹏	男	45	W村	高中一年	群众	无	无	1
19	黄冠友	男	70	W村	文盲	群众	无	无	1
20	罗大珍	女	72	W村	文盲	群众	无	无	1
21	赵连紫	女	60	L村	小学二年	群众	无	无	1
22	张翠翠	女	48	L村	高中一年	党员	无	妇女主任	2

编号	姓名	性别	年龄	所在村庄	文化程度	政治面貌	曾任职务	现任职务	采访次数
23	李花花	女	56	L村	初中一年	群众	无	无	2
24	孙冬冬	男	70	L村	文盲	群众	无	无	1
25	钱国庆	男	53	L村	高中二年	党员	无	村主任	2
26	陆俊秀	女	56	L村	小学三年	群众	无	无	1
27	王德美	女	48	L村	初中二年	群众	无	无	2
28	齐友佳	女	73	L村	文盲	群众	无	无	1
29	杜江涛	男	68	L村	小学二年	群众	无	无	1
30	张文君	男	71	L村	文盲	群众	无	无	2
31	张大海	男	50	X村	高中一年	群众	无	无	2
32	刘如意	女	51	X村	初中三年	群众	无	无	1
33	张胜利	男	52	X村	高中一年	党员	无	村主任	2
34	王晓梅	女	48	X村	初中三年	党员	无	妇女主任	2
35	李晓君	男	52	X村	高中一年	群众	无	村医	2
36	胡海洋	男	68	X村	文盲	群众	无	无	1
37	王明军	男	74	X村	文盲	群众	无	无	1
38	陆佳玲	女	70	X村	文盲	群众	无	无	2
39	魏佳慧	女	63	X村	小学一年	群众	无	无	1
40	李俊平	男	72	X村	小学一年	群众	无	无	1
41	张美香	女	50	T村	初中三年	群众	无	无	3
42	赵美兰	女	60	T村	小学二年	群众	无	无	2
43	李云云	女	48	T村	初中三年	党员	无	妇女主任	2
44	刘定军	男	52	T村	高中一年	党员	无	村主任	3
45	陈俊	女	56	T村	初中一年	群众	无	无	2
46	赵海林	男	70	T村	小学一年	群众	无	无	1
47	赵思思	女	71	T村	文盲	群众	无	无	1
48	王长友	男	73	T村	文盲	群众	无	无	1
49	王明华	女	67	T村	小学二年	群众	无	无	1
50	王秀秀	女	66	T村	小学二年	群众	无	无	1
51	唐大鹏	男	62	A镇	高中二年	群众	粮站人员	无	2

说明：

1.为了保护采访对象的隐私,遵守学术伦理要求,表格中的姓名均为化名。

2.为了能够印证采访者的回答,笔者让被访者不但讲述自身情况,同时也讲述他人情况,通过多种对话形式,来相互印证调查结果的可靠性。

3.为了能够全面了解农村体育文化的情况,笔者经过多次访谈,历时几个月时间进行深度访谈,分别在节假日、农闲、农忙三个时间段进行调查,力求资料的丰富性。

访谈提纲

一、个人基本情况

1.姓名

2.性别

3.年龄

4.文化程度

5.政治面貌

6.曾任职务

7.现任职务

二、村庄情况

1.人口结构情况、外出务工人员情况、在家长期居住人口情况

2.庄稼种植情况

3.社会关系情况

4.舆论情况

5.娱乐活动情况

三、体育观念

1.您空闲的时候,都会干些什么事情呢？

2. 您是如何看待抽烟的？您抽烟吗？您觉得对身体好吗？

3. 您是如何看待喝酒的？您喝酒吗？您觉得对身体好吗？

4. 您是如何看待打牌的？您打牌吗？您觉得对身体好吗？

5. 您了解体育活动吗？

6. 您都知道哪些体育活动？

7. 您参与体育活动吗？

8. 您参与什么体育活动？

9. 您是如何看待体育活动的？

10. 您认为什么是快乐？

11. 您认为什么是体育活动？

12. 您认为干活与体育活动的关系是什么？

13. 您会每年体检吗？

14. 您是如何看待平时的小病的？

15. 您是如何看待放弃治疗重病的？

16. 您认为体育活动是否能够降低疾病的发生？

17. 您经常在家坐着吗？

18. 您认为坐着是否浪费时间？

19. 体育给您的生活带来怎样的变化？

20. 您都有哪些娱乐休闲方式？这一生都有哪些变化？为什么？

21. 您参加体育锻炼,担心别人笑话吗？您会笑话别人锻炼身体吗？为什么？

22. 您觉得农村体育的落后与农村环境有关系吗？为什么？

23. 您觉得在村内进行体育锻炼有气氛吗？

24. 同样是老人,为什么城市老人锻炼的热情高呢？

25. 您这一生都参与过什么体育项目？

26. 您觉得参加体育锻炼与经济条件有关系吗？为什么？

27. 您觉得农村老观念是否会阻碍村民参与体育活动？为什么？

28. 您喜欢什么样的体育项目？

29. 您认为农村需要建设什么样的体育场地和器材？

30. 您认为应该如何发展农村体育？

31. 您觉得农村搞体育比赛可行吗？为什么？

四、广场舞活动

1. 您知道广场舞活动吗？

2. 您是如何看待村民跳广场舞的？

3. 您自己跳广场舞吗？为什么？

4. 你们村广场舞是什么时候开展的？

5. 广场舞发展过程中,都经历过哪些困难？

6. 您觉得广场舞适合农村吗？

7. 您觉得农村广场舞发展还应该注意哪些方面？

8. 您跳舞的时候,家里人支持吗？您家先生/夫人赞成吗？如果反对,是如何解决的？

9. 您跳舞的时候,如何看待周围的观众？

10. 您看过别人跳广场舞吗？

11. 您经常看别人跳广场舞吗？您看人家跳广场舞的时候,您有跳的冲动吗？

12. 您喜欢跳舞还是跳操？您觉得跳舞和跳操有什么区别？

13. 您跳舞是为了锻炼身体,还是为了展示自己？您觉得跳舞美吗？

14. 您会跳交谊舞吗？您是如何看待交谊舞的？您能接受男女一起跳交谊舞吗？

15. 您是如何看待男人跳广场舞的？

16. 您觉得跳广场舞给您带来什么变化？

17. 您觉得跳广场舞与走路的区别是什么？与其他体育项目的区别是什么？

18. 您是如何看待领舞者的？

19. 除了跳广场舞之外,您还参与其他体育活动吗？如果参与,感受如何？如果不参与,为什么？

索　引

后 记

本书是在我的博士后出站报告基础上修改而成的。感谢我的博士后导师杨军教授的辛勤指导！杨军教授既是我的博士后导师,也是我本科阶段的老师。他治学严谨,为人正直,为我的博士后研究提供了很多有益的建议和帮助。因为与导师同在河南大学体育学院工作,所以,杨老师对我的指导可以说是无处不在。无论是单独指导,还是在工作之余进行交流,导师都给予我很多的帮助。即将出版本书之际,衷心地感谢杨军教授的辛勤指导和关心！同时,也感谢河南大学体育学院张大超教授、洪浩教授、杨改生教授、李鹏教授、赵建强教授的关心和帮助！感谢贾天明副书记、牛云杰副院长、彭金洲副主任、张慧副院长、杜胜林主任、栗江豪主任的帮助！感谢体育学院众多老师的帮助！

感谢沈卫星博士对我的关心和帮助！他是我的博士同学,读博期间,我们就经常喜欢在校园散步中讨论学术问题,他渊博的知识和严谨的治学精神,一直激励着我。博士毕业之后,沈卫星依然牵挂着我的学术研究,常常会通过电话进行学术探讨,同学们总是亲切地喊他"老沈"。老沈经常催促我要尽快完成博士后研究,同时给予我很多方法论的指导。在即将完成这项研究之际,我要对老沈说声"谢谢"！感谢我的本科同学陈振勇教授对我的关心与帮助！他的治学精神、练功精神、科研精神等,都给予我极大的鼓励。马上就要完成这项研究了,我要向老同学陈振勇教授说声"谢谢"！感谢好友王俊峰和程水涨在调研中给予的帮助和关心！尤其要感谢胡全柱一家人的大力支持和帮助！感谢安徽省 S 县 Y 村和 W 村的叔叔、阿姨们！感谢河南省 R 县 L 村的叔叔、阿姨们！感谢河南省 A 县 X 村和 T 村的叔叔、阿姨们！

感谢我的爱人韦惠惠博士的关心与支持！感谢我的姐姐乔凤英女士在调

研中给予的大力支持！感谢生我养我的父母，他们现在已然满头白发，却依然为我操碎了心，希望他们能够常常参与适当的体育锻炼，长命百岁！

感谢浙江大学出版社徐霞、赵静两位编辑对本书的大力支持与帮助！

乔　超